I0136720

LES OFFICIERS DES ÉTATS

DE LA PROVINCE

DE LANGUEDOC

PARIS. — TYPOGRAPHIE MORRIS ET COMPAGNIE

Rue Amelot, 64

LES OFFICIERS DES ÉTATS

DE

LA PROVINCE

DE

LANGUEDOC

PAR

M. LE VICOMTE DE CARRIÈRE

Ancien Préfet, Chevalier de la Légion d'honneur,

PUBLIÉ PAR LES SOINS

DE M. LE VICOMTE ALBERT DE CARRIÈRE

SON FILS;

OUVRAGE

QUI A OBTENU UNE MÉDAILLE D'ARGENT A L'ACADÉMIE
DES SCIENCES DE TOULOUSE

PARIS

CHEZ AUBRY, LIBRAIRE-ÉDITEUR

16, RUE DAUPHINE

—

1865

PRÉFACE

-o—o-

L'ouvrage que je donne au public a été trouvé
manuscrit dans les papiers de feu M. le vicomte de
Carrière, mon père. J'ai été obligé de m'initier à
l'esprit dans lequel il avait été conçu pour réunir
les feuillets épars qui le composaient et qui étaient
mêlés avec des notes que l'on trouvera en partie aux
éclaircissements qui le termineront. En 1850, je fis
une première transcription de l'ouvrage, elle est encore sous mes yeux, m'ayant servi à faire la seconde
que je donne au public. Les collections et documents dans lesquels M. de Carrière puisa les éléments de son œuvre appartenaient à son père et à
son grand-père paternel, et venaient aussi de la
maison de Joubert, dont était son aïeule maternelle.
Ces objets furent cédés par lui et son frère aîné ; il
m'a paru utile de publier une œuvre qui avait été

considérée par mon père comme un appendice et un complément à l'existence et aux actes d'une province qui n'est plus et sur le passé de laquelle tout le monde peut prendre maintenant les notions les plus exactes.

J'espère que le public accueillera avec indulgence cette œuvre posthume de M. le vicomte de Carrière, elle sera probablement le dernier hommage rendu à l'administration de l'ancien Languedoc, mais il me semble qu'elle peut encore intéresser à plusieurs titres bien des personnes. S'il en est ainsi, je me trouverai récompensé de mes efforts, et ce sera le plus grand avantage que j'en retirerai.

Je ne parlerai pas ici de l'origine des États de Languedoc, car les historiens qui ont écrit sur ce pays donnent sur ces éléments des détails abondants; aussi je ne dirai rien là-dessus, tant pour ne pas fatiguer la patience du lecteur que pour éviter les redites. On aimera peut-être mieux savoir que les États du Languedoc, par délibération du 24 janvier 1708, chargèrent dom Vaissette, religieux Bénédictin, de travailler à l'histoire du Languedoc; dom Bourotte lui succéda, et après lui vinrent dom Malherbe et dom Soulavie, qui ont laissé des manuscrits qui sont en partie à la Bibliothèque Impériale, et qui complètent le travail entrepris par dom Vaissette, qui ne fut imprimé que jusqu'au règne de Louis XIV exclusivement. Un auteur contemporain, feu M. du Mége, a édité dom Vaissette et l'a continué jusqu'en 1789 ; enfin, feu M. le baron Trouvé, ancien préfet de l'Aude, fit en 1818 un ouvrage intitulé : *Essai historique sur les États généraux de Languedoc.* Cet ouvrage, qu'il dédia à monseigneur duc d'Angoulême, est en deux volumes et donne un aperçu historique assez complet des États, en même temps que des détails sur la constitution politique, municipale, artistique et littéraire de la province de Languedoc. La collection recueillie par mon bisaïeul et mon grand-père, et cédée par mon père et mon oncle au gouvernement en 1846, est actuellement déposée aux Archives de l'Empire. C'est le fruit de quarante années de services rendus par Claude et Pierre-Louis de Carrière dans la charge de secrétaire des États de Languedoc, qu'ils exercèrent avec autant d'indépendance que de désintéressement. Cette collection, suivant l'inventaire qui en fut fait par mon père en 1840, a été classée en plusieurs chapitres ou articles.

1° Collection des procès-verbaux des délibérations des États de Languedoc, commençant en 1501 et finissant en 1789.

Tous les procès-verbaux n'y sont pas, soit qu'il y ait eu quelquefois des vacances pour les sessions des États, soit que certains registres aient été égarés. A partir de l'année 1758 les États se résolurent à donner de la publicité à leurs délibérations et les firent écrire chaque année dans un volume in-folio, jusques et y compris l'année 1776. Reconnaissant l'avantage de cette mesure de publicité qui ne s'étendait alors qu'à un nombre de personnes limité, ils les firent imprimer l'année suivante 1777. C'est ce qui compose, à proprement parler, la collection des procès-verbaux des États de Languedoc, commençant en 1758, finissant en 1789, et comprenant trente-deux volumes in-folio.

2° Minutes originales des procès-verbaux des États.

Elles furent commencées en 1745, recommencées en 1759, elles allèrent, dès lors, jusqu'en 1789 sans interruption. La suite donnée à cette collection, qui comprend trente volumes, est due aux recherches de Pierre-Louis de Carrière, secrétaire des États, qui pendant son exercice (1776 à 1790) fut presque uniquement chargé de la rédaction du procès-verbal.

3° Procès-verbaux des États particuliers et Assiettes de la province de Languedoc.

Indépendamment des assemblées des États généraux de Languedoc, il y avait annuellement dans chaque diocèse (en Languedoc le diocèse était la division administrative) une assemblée particulière ou *assiette*, ainsi nommée parce qu'on y asseyait les impositions. Quatre de ces assemblées de diocèses avaient le titre d'États particuliers. C'étaient les États du Vivarais ou diocèse de Viviers, les États du Gévaudan ou diocèse de Mende, les États du Vélay ou diocèse du Puy, les États d'Albigeois ou diocèse d'Alby. Les autres diocèses prenaient le nom de la ville épiscopale. Pendant longtemps les procès-verbaux de ces assemblées restèrent manuscrits; les États ayant livré à l'impression en 1777 le procès-verbal de leurs séances, et appréciant de plus en plus les avantages de la publicité, émirent le vœu que les assiettes fissent aussi imprimer leurs procès-verbaux. Quelques diocèses, notamment celui de Toulouse, se conformèrent à ce vœu, mais ce ne fut qu'en 1783 que la mesure se généralisa.

4° Cahiers de la province de Languedoc.

Chaque année une députation des États formée des trois ordres, c'est-à-dire composée d'un prélat, d'un baron, de deux députés du tiers, et à laquelle on adjoignait un officier de la province, présentait au roi et discutait avec les ministres un cahier de demandes délibérées par l'assemblée.

5° Règlements intérieurs des États.

Ils vont de 1622 à 1679. A cette dernière époque une nouvelle collection de règlements fut faite et homologuée par les soins du syndic général, René Gaspard de Joubert.

6° Cérémonial des États.

7° Priviléges des membres de l'assemblée.

8° Documents relatifs à l'assemblée et aux membres de l'assemblée des États.

9° Rapports de l'autorité royale avec les États.

10° Édits, déclarations, arrêts, etc., concernant les États de Languedoc.

11° Affaires administratives et contentieuses.

12° Manufactures de drap et de soie.

13° Agriculture.

14° Travaux public.

15° Droit public et privé de Languedoc.

16° Impositions royales et locales, vingtièmes, documents financiers, tarifs.

17° États des sommes ou comptabilité de la province.

18° Histoire de la province, cartes géographiques, plans.

L'ouvrage que je livre à l'impression est en grande partie tiré de cette collection, on verra, en même temps que l'historique des officiers des États qui les résumèrent, ce qui se passait annuellement dans cette assemblée et la part que la province de Languedoc prenait aux affaires du royaume, sa fidélité aux rois et son respect pour la religion catholique.

L'historique des officiers de la province de Languedoc est la seule chose qui paraisse manquer aujour-
d'hui à l'histoire du passé de ce pays sur lequel on
a beaucoup écrit. Je l'offre donc au public qui, j'espère, l'accueillera avec indulgence.

Paris, 23 mars 1864.

Avant d'entrer en matière, il me semble convenable, toutefois, de faire connaître un avant-propos
que l'auteur semble avoir placé en tête de son œuvre, le voici :

« J'ai pensé qu'une succession chronologique
» des officiers de la province de Languedoc ne se-
» rait pas dépourvue d'intérêt et offrirait même un
» complément nécessaire à ce qui a été écrit sur
» notre ancienne administration, dont les succès et
» la gloire peuvent être attribués en partie au zèle
» et au mérite de ses anciens fonctionnaires. Rap-
» peler leurs noms n'est donc, et surtout pour un
» Languedocien, qu'un acte de justice et de recon-
» naissance. Trois syndics généraux, deux secré-
» taires-greffiers, un trésorier, tels étaient, en 1789,
» dernière époque de leur existence, le nombre et
» les titres de ces officiers. »

Syndics
généraux.

« Les syndics généraux, qu'on appela *procureurs*
» *du pays* jusque vers le milieu du seizième siècle,
» n'avaient jamais varié en nombre, ils étaient trois
» parce que chacun d'eux avait pour département
» une des trois sénéchaussées dont se composait le
» Languedoc, savoir : la sénéchaussée de Toulouse,
» la sénéchaussée de Carcassonne et la sénéchaus-
» sée de Beaucaire et Nîmes. »

Secrétaires
greffiers.

« Il n'y eut dans l'origine qu'un seul secrétaire-
» greffier qui était alors le principal agent de l'as-
» semblée des États, mais peu à peu les attributions
» des syndics généraux s'étendirent; d'ailleurs, au
» temps de la Ligue, la charge de secrétaire-greffier
» se divisa comme l'assemblée des États elle-même.
» Un secrétaire-greffier exerçait près des ligueurs,
» un autre près des États *royalistes*. Lorsque cette
» division d'assemblée s'effaça, les deux greffiers
» furent conservés, et l'on donna à chacun d'eux
» pour département l'une des deux généralités qui
» composaient la province, savoir : la généralité de
» Toulouse et la généralité de Montpellier. Vers le
» milieu du huitième siècle, les détails de certaines
» opérations, notamment de l'étape ou logement
» des gens de guerre, firent créer un office *de gref-*
» *fier des juridictions contentieuses des États*, mais
» cette institution ne fut que momentanée (1). »

Trésoriers
de la Bourse.

« Les États ayant senti le besoin de rassembler

» toutes leurs recettes, établirent un seul comptable
» qu'ils qualifiaient anciennement : *receveur tenant*
» *la bourse du pays*, et qu'on appela plus tard : *tré-*
» *sorier de la bourse*. Cet ordre fut troublé en **1632**.
» L'édit du mois d'octobre qui porta de si graves at-
» teintes aux priviléges de la province en matière
» d'impôts, cassa la commission du trésorier pour
» l'ériger en office royal, et créa trois trésoriers qui
» devaient alterner entre eux. Ces offices, auxquels
» l'édit attribuait deux mille livres de gages et six
» deniers pour livre de taxation, furent vendus en
» proportion de ces avantages. On en créa même
» plus tard un quatrième sous le nom de trésorier
» *quatriennal,* mais qui fut supprimé par un édit de
» juillet 1649. Enfin l'édit du mois d'octobre de la
» même année supprime également les trois autres,
» mais à la charge par les États d'en rembourser la
» finance ; et les États n'hésitèrent pas à se livrer à
» un emprunt pour remplir cette condition. Ren-
» trés dans leur droit primitif, ils conservèrent
» deux trésoriers qui servaient alternativement. A la
» mort du sieur le Secq, un des titulaires, l'office
» redevint et est demeuré unique.
    » C'est à partir de 1501 que je donnerai la chro-
» nologie des officiers, car c'est de la même année
» que date la suite non interrompue des procès-
» verbaux des États ; malheureusement ils n'ont

» point tous été à ma disposition; je n'ai même pu
» consulter qu'un petit nombre de ceux qui appar-
» tiennent au dix-septième siècle, à la première moi-
» tié du dix-huitième siècle; mais des extraits faits
» plus anciennement par moi ou les miens, et d'au-
» tres documents authentiques, m'ont mis à portée
» d'y suppléer. On verra, d'ailleurs, que je ne pré-
» sente qu'avec l'expression du doute ce qui ne
» m'est pas démontré certain. »

CHAPITRE PREMIER.

SYNDICS GÉNÉRAUX DE LA SÉNÉCHAUSSÉE DE TOULOUSE.

Maître Mathieu Bosquet ou Bousquet était alors en exercice. Plusieurs de ses rapports sont mentionnés au procès-verbal, et le 23 septembre il fut de nouveau constitué procureur du pays en la sénéchaussée de Toulouse. Cette constitution était alors annuelle, car les procureurs ou syndics du pays n'étaient considérés que comme des jurisconsultes appelés temporairement pour en diriger les affaires. Les États constituaient en même temps et toujours pour une année un avocat au grand Conseil et un avocat au Parlement de Toulouse, qui demeuraient chargés du soin de leur instance près de ces deux juridictions. Leurs intérêts se multipliant, ils constituèrent bientôt et tout à la fois quatre avocats près le Parlement de Toulouse. Plus tard ils constituèrent aussi un avocat près la Cour des comptes de Montpellier. Leur choix porta souvent sur des hommes devenus célèbres. Il est à remarquer que cette contitution annuelle ne s'étendait pas aux offices de secrétaire-greffier et de trésorier ; les fonctions de Mathieu Bous-

1501.
États ouverts au Puy le 14 septembre.

quet cessèrent l'année suivante, car il avait été pourvu
d'un office de conseiller en la Cour de Parlement (2).

1502.
États ouverts à
Nimes le 15
novembre.

Maître Guillaume Blanchard, licencié, natif de Ra-
bastens en Albigeois, habitant de Toulouse, lui fut
donné pour successeur; c'est ce qui résulte de délibérations prises le 26 octobre par la sénéchaussée de Toulouse qui le nomma, et par l'assemblée des États qui
agréa sa nomination. Le même jour les procureurs du
pays furent de nouveau constitués, et notamment Blanchard pour la sénéchaussée de Toulouse.

1531.
États ouverts à
Nimes le 15
novembre.

Maître Guillaume Pelisserii ou de Pelissier, licencié
ès droits, et qui est évidemment le même que Guillaume Pelissier, licencié, qui fut capitoul de Toulouse
en 1524 (la Faille, *Annales de Toulouse*), fut nommé
par la sénéchaussée de Toulouse et agréé par l'assemblée des États pour succéder à maître Guillaume Blanchard, procureur et syndic en la sénéchaussée de Toulouse, « lequel, porte le procès-verbal, est allé de vie à
« trépas depuis les États derniers. » Cette nomination
est à la date du 18 novembre. Pelissier, présent à l'assemblée, prêta serment, fut placé au banc des procureurs du pays à dextre du greffier des États, et mis en
possession de son office par le bail du livre des privilèges du pays.

1538.
États ouverts à
Alby, le 8 oc-
tobre.

Maître Pierre Salamonis, bachelier ès droits, habitant de Toulouse, et qui est évidemment le même que
Pierre Salamonis, bachelier, capitoul en 1534 (La
Faille, *Annales de Toulouse*), fut nommé par la forme
ordinaire et par délibération du 9 octobre pour succéder à maître Guillaume de Pélissier, syndic du pays.

qui avait obtenu office de conseiller à Turin. Le 14
du même mois, l'assemblée constitua de nouveau les
procureurs du pays et notamment Salamonis pour la
sénéchaussée de Toulouse. Aux États tenus à Béziers,
en 1542 et le 19 octobre, « par le syndic Salamonis fut
» requis que, au semblable qu'il avoit été fait à autres
» officiers desdits États, plût à l'assemblée recevoir
» aussi à syndic un sien fils escolier aux lois pour
» faire ladite charge par l'un d'eux en l'absence de
» l'autre et au survivant d'eux deux. »

Cette demande, accueillie par la sénéchaussée de
Toulouse, fut aussi agréée par l'assemblée générale,
avec la clause que le fils de Salamonis serait reçu aux
États suivants, ne s'immiscerait dans la charge, ni ne
prendrait gage durant la vie de son père, si celui-ci
n'avait légitime excuse de maladie ou autre. Pierre Salamonis est nommé avec la qualité de procureur et
syndic du pays de Languedoc dans un édit de François Ier, du 1er juillet 1544, qui, sur la demande des
députés des États, accorda la suppression de certains
offices. Aux États tenus à Montpellier en 1545, et par
délibération du 4 décembre, il fut, ainsi que Jean Salamonis, son fils, compris dans la constitution annuelle
des syndics du pays. C'est la dernière trace de son
exercice.

Maître Jean Salamonis, son fils, bachelier ès droits,
avait été installé le 1er octobre 1543, jour de l'ouverture des États tenus au Puÿ ; le bail de son bonnet et
l'assignation de son lieu et siège accoutumé aux États
sont rapportés par le procès-verbal au nombre des cir-

1543.
États ouverts au
Puy, le 1er oc-
tobre.

2

constances de cette installation. Jean Salamonis, conformément aux clauses de sa nomination, eut bientôt à
suppléer son père qui, par délibération du 10 du même
mois, fut mis au nombre des députés chargés de solliciter en cour la suppression de certains offices. C'est
cette suppression qui fut accordée par l'édit du
1ᵉʳ juillet 1544, dont j'ai parlé plus haut. En 1553, une
charge de conseiller en la Cour du Parlement de Toulouse fut donnée à Jehan Salamonis, et cette promotion
devint le sujet d'une contestation grave. On lit, en
effet, au procès-verbal des États tenus à Béziers, la
même année, que l'assemblée remplaça le syndic Salamonis après avoir mis en demeure la sénéchaussée de
Toulouse, qui, sans doute, avait des raisons de ne pas
se hâter.

Tristan Durant, syndic du pays de Languedoc.

C'est sur Tristan Durant, l'un des quatre avocats
constitués par les États près du Parlement, que porta
le choix de l'assemblée, et elle le reçut et installa le
même jour dimanche 19 novembre. Cependant la
sénéchaussée de Toulouse réclama par le double motif
qu'à elle seule appartenait la nomination de son syndic
et que Salamonis n'était pas encore admis au Parlement. En outre, Robert le Blanc, syndic de la sénéchaussée de Beaucaire et Nismes, prit la parole pour
rappeler les statuts du pays, qui ne permettaient de
destituer les syndics ni autres officiers, et pour requérir que la nomination de Durant fût conditionnelle, de
telle sorte que Salamonis serait continué en sa charge
de syndic s'il n'était pas actuellement conseiller. Ces

débats, qui occupèrent les séances des 19 et 20 novembre, furent interrompus ce dernier jour par la clôture des États. Toutefois, Tristan Durant, que nous avons vu installer le 19 novembre 1553, ne fut pas encore paisible possesseur de sa charge. Le procès-verbal de la séance suivante (1554) le montre bien agissant comme syndic, mais le 25 septembre entra dans l'assemblée qui se tenait à Montpellier « maître » Jehan Salamon, conseiller du Roy en la Cour du Par- » lement d'Aix en Provence, jadis syndic du pays en » la sénéchaussée de Toulouse, lequel apporte lettre » missive de monseigneur le connétable, qui a été » lue, et autre missive que ledit seigneur connétable » avoit écrite audit Salamon en faveur de Pierre du » Cêdre. »

Or, ce Pierre du Cêdre (3), qui, du reste, est le même que Pierre du Cêdre, docteur, capitoul ès années 1545 et 1561, postulait l'office de syndic, et, comme on le voit, était agréable au connétable de Montmorency, gouverneur de la province. L'année suivante (1555) et le dimanche 22 septembre, du Cêdre étant entré aux États pour rendre compte de certaine mission qui lui avait été donnée près du roi, expose : » que ceux de la sénéchaussée de Toulouse, rassem- » blés pour le fait de la suppression de nouveaux » offices, l'ont élu et constitué syndic en leur séné- » chaussée, à la charge de se présenter, comme il le » fait, en la prochaine assemblée pour prêter serment » et être admis. » Et en même temps il exhibe tant l'acte de son élection que certaines lettres patentes

adressées par le roi à ses commissaires près les États pour connaître des différends élevés au sujet de cette affaire de syndic. L'assemblée députe auprès des commissaires du roi, tant pour leur remontrer les privilèges et libertés du pays que pour qu'il leur plaise déclarer s'ils entendent procéder en vertu des lettres patentes que du Cèdre a obtenues. Elle arrête en même temps que le syndic *Durant* demeurera *céans*. Le lendemain 23, elle apprend par le retour de ses députés que les commissaires du roi veulent procéder, et Durant vient exposer qu'il lui est fait défense par les mêmes commissaires d'entrer dans l'assemblée. Il reparaît le 24 pour rappeler cette défense et prier les États de pourvoir à leurs privilèges et à son intérêt. Les États délibèrent de se transporter en corps auprès des commissaires pour déclarer leur intention de se séparer si les libertés du pays ne sont mieux respectées. Là ce débat semble prendre fin, puisqu'on n'en trouve plus de trace, et que le procès-verbal de l'année suivante (1554) montre Tristan Durant agissant comme syndic. Une délibération prise en sa faveur, le samedi 19 novembre 1558, est ainsi conçue : « Les États étant aver-
» tis du décès de maître Martin Durant, en son vivant
» l'un des quatre avocats du pays, ont pourvu audit état
» d'avocat vacant maître Tristan Durant, syndic de
» Languedoc, frère de Martin, pour ensemblement
» tenir par ledit Tristan ledit état d'avocat avec l'office
» de syndic. » Absent pendant les États ouverts à Carcassonne au mois de décembre 1562, il est excusé par son autre frère Jean-Étienne Durant, docteur ès droits,

avocat au Parlement de Toulouse, sur ce que, étant
parti pour les affaires du pays, d'après la mission qui
lui fut donnée au mois d'avril précédent, il se trouve
encore à la suite de la Cour et n'a pas su sitôt revenir
comme il en avait la volonté. En 1564, et par délibération prise à Beaucaire le 29 octobre, il est, ainsi que le
même Jean-Étienne Durant son frère, alors capitoul,
compris dans la députation chargée de présenter au roi
Charles IX, lorsque Sa Majesté serait à Toulouse, le
cahier des doléances du pays. La mort le surprit en
1572 dans l'exercice du syndicat. Une délibération du
16 septembre de la même année (les États se tenaient à
Béziers) accorde à ses filles pupilles une somme de
500 livres, en considération des bons et agréables services de leur père. Cependant sa charge avait été transmise, quelques jours auparavant, par délibération de
la sénéchaussée de Toulouse et des États, à :

Maître Mariet Daverano, qui est installé le 10 sep- 1572.
tembre et député à la Cour la même année. Semblable
mission lui est donnée au mois de janvier 1575 et au
mois de décembre 1577. Il est pourvu peu de temps
après de la charge de substitut du procureur général
du roi en la chambre mi-partie établie à Lisle en Albigeois. On le trouve également aux *Annales de Toulouse*, par La Faille, tome II, page 102 des preuves,
qualifié : juge mage et lieutenant général en la sénéchaussée de Toulouse, à la date du 15 mars 1596.
Mariet Daverano résigna ses fonctions de syndic à
maître Étienne de Vignals ou Vignaux (4), qui dut
être agréé par la sénéchaussée de Toulouse et les États,

en l'assemblée ouverte à Castelnaudary, le 27 avril 1579.

Maître Étienne de Vignals ou Vignaux, que le procès-verbal des États tenus à Carcassonne, au mois de décembre de la même année, montre en exercice de la charge de syndic, élève, le jour même de l'ouverture de cette assemblée, le 4 décembre, la prétention, de précéder les autres syndics et de proposer le premier en l'assemblée des États, parce qu'il est syndic du pays en la sénéchaussée de Toulouse, qui précède les autres sénéchaussées du pays. Dufaur, syndic en la sénéchaussée de Carcassonne, combat cette prétention que les États repoussent en décidant que « pour la préférence et rang » des syndics et officiers de robe longue du pays, l'ordre » de leur réception sera gardé et observé ainsi que de » toujours a été fait. » Aux États ouverts le 3 mars 1586, à Carcassonne, Vignals fait agréer Arnauld de Fieubet pour retenir les actes et délibérations de l'assemblée en l'absence du secrétaire-greffier Bertrand, qui avait fait parvenir ses excuses et une procuration. Il est compris avec la qualité de syndic dans une députation envoyée vers le maréchal duc de Joyeuse par les États assemblés à Castelnaudary au mois de février 1587 ; mais il n'exerça plus avant 1595, puisque le procès-verbal de l'assemblée, ouverte le 17 février de cette année, en la ville de Béziers, montre agissant en qualité de syndic pour la sénéchaussée de Toulouse :

Maître Jean de Grasset, qualifié docteur ès droits, syndic général du pays de Languedoc, dans un acte du mercredi 7 février 1596, où, de concert avec ses deux collègues, il traite au nom de la province pour la construction du pont de Brescou. Cet acte est inséré au procès-verbal de l'assemblée ouverte à Pézénas, le 8 janvier de la même année ; à Béziers, l'une au mois de juin, l'autre au mois de novembre. Il comparaît aussi en la même qualité dans une assemblée ouverte à Pézénas le 9 juillet 1595 (5).

Maître Jean Gabriel d'Urdes est en fonctions dès 1599 comme syndic en la sénéchaussée de Toulouse, soit seul, soit conjointement avec Grasset, dont il était peut-être l'adjoint et survivancier, on les avait du moins l'un et l'autre députés à la Cour en 1599, savoir ; d'Urdes par délibération du 27 mai, prise à Pézénas, et Grasset par délibération du 23 décembre, prise à Carcassonne. C'est sans doute pendant sa députation que d'Urdes obtint l'autorisation royale pour les articles délibérés aux États, touchant la réformation des ga-belles. « Tous lesquels articles (porte l'édit donné à » Blois par Henri IV en septembre 1599), à nous pré-» sentés en toute humilité, de la part desdits États, par » maître Jean-Gabriel d'Urdes, leur syndic général. » Même mention est faite de ce syndic dans des lettres patentes du même roi, données également à Blois, et le 18 septembre 1599, pour autoriser les diocèses à adju-ger au rabais la levée des deniers extraordinaires. (*Lois municipales de Languedoc*, tome VI, page 35.) D'Urdes, qui avait épousé Bertrande de Durand, fille de Guil-laume, capitoul en 1559, et de Jeanne de Daffis, la-quelle était fille de Jean de Daffis, premier président du Parlement de Toulouse, et de Catherine de Tournier, en eut : Catherine d'Urdes, qui s'allia à Pierre de

1599.

Boisset, conseiller au Parlement de Toulouse. De ce mariage provint Jeanne-Jacqueline de Boisset, mariée à François de Madron, seigneur des Issards, conseiller au Parlement de Toulouse, mort grand chambrier au même Parlement, fils de Guérin de Madron, seigneur des Issards, et de Germaine de Maynial ; l'un et l'autre père et mère de Joseph de Madron, reçu chevalier de minorité dans l'ordre de Malte en 1668. Ses preuves remontèrent à Jean-Gabriel d'Urdes, syndic général, son bisaïeul maternel (6). D'Urdes était mort dans l'exercice de sa charge avant les États ouverts à Alby, le 16 novembre 1604. On trouve du moins au procès-verbal de cette même année et sous la date du 17 novembre une délibération qui se termine ainsi : « Et » pour le regard des autres provisions important le » bien du pays, elles auroient été remises aux mains de » feu maître d'Urdes, syndic, pour en faire recueil, et » depuis par inventaire à maître d'Espagne, syndic, » lequel, à cause du voyage qu'il a fait pour le pays » en la présente année, a déclaré n'y avoir pu va-» quer. »

1603.

Georges d'Espagne, d'Espania ou d'Hispania, car les procès-verbaux l'appellent indifféremment de ces divers noms, avait été capitoul de Toulouse ès années 1586 et 1593 ; il succède à d'Urdes, et l'on pourrait croire que ce fut pendant les États ouverts à Carcassonne au mois de décembre 1603, puisque, honoré de la députation à la Cour cette même année (délibération du 31 décembre), il n'avait pu mettre en ordre les titres dont nous voyons qu'il s'était chargé par inventaire et sans

doute à son entrée en fonctions. Il fut de nouveau député à la Cour par les États tenus à Alby au mois de
novembre 1604, et ce motif d'absence est rappelé dans
le procès-verbal d'une assemblée qui se tint au Saint-
Esprit au mois d'août 1605 au sujet d'une demande
de subsides extraordinaires. Il eut encore la même
mission aux États ouverts à Beaucaire au mois de novembre 1608 et aux États ouverts à Pézénas au mois
d'octobre 1610. Cette dernière députation l'obligea à
séjourner à Paris pendant près de quinze mois, car on
lit au procès-verbal des États ouverts à Pézénas au
mois de janvier 1612 et sous la date du mercredi 8 février : « Monseigneur l'évêque de Carcassone et le
» sieur d'Espagne, député en Cour, sont arrivés aux
» États et ont fait entendre l'occasion qui les avait si
» longtemps retenus. » Et le lendemain, 9 février :
« Monseigneur l'archevêque et primat de Narbonne a
» exposé qu'après la funeste mort de Henri IV, il
» avait été fait députation au roi et à la reine régente,
» dont il s'était trouvé membre ; qu'il avait été rejoint
» à Lyon par le sieur d'Espagne, qu'en attendant les
» autres députés ils avaient tâché de pourvoir aux
» affaires du pays, que les autres députés arrivés ils
» se seraient tous rendus au Louvre, etc. » Et il rapporte ensuite ce que les députés ont fait pendant le
temps qu'ils ont demeuré à la Cour. L'évêque de Carcassonne rapporte ensuite moins brièvement ce que les
députés ont fait depuis le départ de l'archevêque de
Narbonne, « s'en remettant, du reste, aux particula-
» rités qu'en dira le sieur d'Espagne. » D'Espagne,

qui prend alors la parole, fait un rapport dont la lecture occupe deux séances. Il est qualifié syndic général
tant en cette occasion qu'en d'autres parties du procès-
verbal. Cependant, il avait, dès 1610, proposé et fait
agréer pour lui succéder le sieur d'Olive, son gendre,
que le même procès-verbal montre aussi agissant en
qualité de syndic général ; cet exercice instantané de
la même charge par le beau-père et le gendre s'expli-
que et par le rapport que d'Espagne venait faire à l'assemblée et mieux encore par la bienveillance dont il
fut constamment l'objet. J'en donnerai pour preuve la
délibération suivante prise aux États ouverts à Beaucaire la même année 1612. « Du vendredi 26 octobre,
» monseigneur l'évêque de Carcassonne a dit que cha-
» cun était suffisamment informé de la capacité, sa-
» voir et longue expérience que maître d'Espagne, ci-
» devant syndic, avait aux affaires du pays, et combien
» dignement et fidèlement il s'était acquitté de cette
» charge pendant qu'il l'a exercée, laquelle il avait été
» comme forcé et nécessité de remettre au pays pour
» jouir d'un héritage qui lui était survenu, d'un état
» et office de trésorier général de France, auquel il est
» à présent reçu ; et en laquelle charge de syndic, les
» États en sa considération, et de tant de services
» signalés qu'il a rendus au pays, reçurent à sa prière
» maître d'Olive, son beau-fils, duquel le pays a conçu
» telle espérance qu'il lui succédera d'affection et de
» bonne volonté, comme déjà il a rendu d'assurés et
» certains témoignages ; mais d'autant qu'il y a plu-
» sieurs importantes affaires qui ont été ébauchées les

» années précédentes, auxquelles on se promet de
» mettre fin à ces États, desquelles ledit sieur d'Es-
» pagne a eu la conduite et direction, et qu'étant pré-
» sentement en ville, il serait expédient qu'il se trou-
» vât en ladite assemblée, pour sur les occurrences,
» assister lesdits sieurs des États de ses prudents avis
» et conseils ; sur quoi a été arrêté qu'il sera prié de
» venir en l'assemblée par ledit sieur d'Olive, et qu'il
» lui sera donné siége et rang immédiatement après
» MM. les vicaires généraux, tout autant qu'il lui
» plaira assister l'assemblée de ses prudents avis et
» conseils. » Cette assistance honoraire ne fut pas en
vain déférée à d'Espagne; non-seulement il vint et se
rendit utile à cette assemblée, mais on le voit encore,
l'année suivante (1613) et sous la double qualité de
trésorier général de France et de syndic général, suivre
une conférence tenue à Pézénas au mois de mars ; il
s'agissait de concilier les différends élevés entre le
Languedoc, les pays de Rouergue et d'Auvergne, au
sujet de taxes mises sur le sel. Il est encore présent
et plusieurs fois consulté aux États réunis en novembre 1613 dans la même ville de Pézénas. Enfin, le
13 décembre 1613, jour de la clôture de ces mêmes
États, une délibération est prise en ces termes : « Les
» États ayant mis en considération les peines que le
» sieur d'Espagne a prises pour les affaires de la pro-
» vince depuis quatorze ans, en ça qu'il a été syndic
» général, même pour éclaircir les droits du pays sur
» les demandes faites par les pays de Rouergue et
» d'Auvergne, ne pouvant plus continuer de venir

» aux États pour être à présent trésorier général
» de France ; les États lui ont accordé la somme de
» 2,000 livres payables en deux années, et il sera prié
» de continuer le soin qu'il a eu au bien de la pro-
» vince ; même, suivant les délibérations prises, de
» prendre la peine d'aller en Cour lors du jugement
» dudit procès de Rouergue, s'il est jugé nécessaire. »
Mais d'Espagne, remercîment fait de cette libéralité,
dit ne pouvoir accepter, tant parce que comme trésorier de France, les ordonnances du roi le lui défendent,
que parce qu'il se tient assez dignement reconnu des
peines qu'il a prises pour le pays. Il ajoute, quant au
voyage en Cour, qu'il ne peut le faire et à cause de son
âge et à cause de sa charge, et que cette charge de trésorier ne lui permettant plus de revenir aux États, il
en prendra la commodité de continuer le travail des
priviléges du pays qu'il a commencé et désire achever
pour la dignité des États. Cet ouvrage, qu'annonce
Georges d'Espagne, fut probablement interrompu par
sa mort, dont on ignore d'ailleurs l'époque. Il laissa
un fils, *Jean*, à qui il transmit son office de trésorier
de France, et qui, le 23 mars 1623, épousa Françoise
de Saint-Paul. De cette alliance provinrent Louis,
Étienne et Guillaume d'Espagne, qu'un jugement de
M. de Bezons, intendant de Languedoc, maintint dans
leur noblesse.

1610. Jean d'Olive, gendre et successeur de Georges d'Espagne que nous avons vu entrer en exercice dès 1610,
est nommé avec les deux syndics ses collègues, dans
les articles signés à Beaucaire le 20 novembre 1612.

portant concession de la ferme des Gabelles de la province. La *Biographie Toulousaine* (2 vol. in 8°, Michaud 1823), qui lui a consacré un article en le qualifiant seigneur de Brugières et de Saint-Sauveur, le montre honoré de l'estime publique et rappelle le don d'une somme de 9,000 livres qu'après sa mort les États accordèrent à ses enfants en souvenir des services de leur père. C'est au mois de mai 1623 qu'au rapport de cette même biographie, Jean d'Olive était décédé à Toulouse; tout porte à croire qu'il était encore dans l'exercice de sa charge de syndic général. Son successeur fut : (7)

Pierre de la Mamye qui, député de la ville de Toulouse aux États de 1622, avait été député par les États à la cour le 1er décembre de la même année, et dut être pourvu, aux États suivants (mars 1624), de la charge de syndic général, vacante par la mort de Jean d'Olive. Il était fils de Jean de la Mamye, et de Jeanne d'Assezat. Jean de la Mamye, pourvu d'un office de trésorier de France le 8 janvier 1582, était fils de Pierre, nommé conseiller au Parlement de Toulouse le 22 mai, 1563, sur la démission de son père Guillaume de la Mamye, conseiller au même Parlement, pourvu le 25 novembre 1528.

Pierre de la Mamye rendit aux États, en plusieurs occasions, *de très-considérables services*, selon l'expression du *Recueil des titres, blasons, etc., des États de Languedoc*, publié par Béjard. « Lorsqu'en l'année 1663,
» ajoute ce même recueil, la province députa pour
» obtenir la suppression des élus et le rétablissement
» des États, en un mot pour demander au *feu* Roi de

1624.

» conserver la province et ses priviléges, *Feu* M. de la
» Mamye fut du corps de ces députés, lesquels furent
» présentés à S. M. par feu monseigneur de Montmo-
» rency alors gouverneur de la province; et quelque
» temps après, soit à cause de sa charge, soit pour la
» vivacité de son esprit, il fit harangue au roi, laquelle
» traitait de la confirmation des États fondée sur les
» conventions accordées avec saint Louis et sur les ser-
» vices rendus au roi Jean lorsqu'il fut prisonnier en
» Angleterre, et enfin sur beaucoup d'autres témoi-
.» gnages de la fidélité de la province, laquelle harangue
» fut prononcée avec tant d'éloquence et une si forte
» 'impression, qu'elle lui fit obtenir du Roi presque
» tout ce qu'il demanda. » Les provisions ou commission de l'office de syndic général du Languedoc
données à Béziers, en l'assemblée générale des États de
ladite province, au sieur Pierre de la Mamye, seigneur de
Clairac, Villeneuve, Las Barthes et autres lieux, sont du
15 du mois de mars 1624. Cette commission est signée
« de Fossé évêque de Castres, et du mandement des-
» dits seigneurs États : de Fieubet, » et scellée du sceau
de la province. Pierre de la Mamye fut nommé, par
lettres de Louis XIV du 28 janvier 1648, son conseiller
en ses conseils d'État, privé, et de ses finances, prêta
serment le même jour entre les mains du ·chancelier
Séguier; il est appelé dans ces lettres : « Notre amé et
» féal le sieur de la Mamye, syndic général de la pro-
» vince de Languedoc. » C'est sans doute à cette
époque et à cette occasion qu'il se démit de sa charge
en faveur de son fils. Il avait épousé, suivant pactes du

7 août 1600, Gabrielle de Goutz, fille de feu noble
Antoine de Goutz, seigneur de Villeneuve et de Jeanne
de la Valette-Parisot, qui était sœur de Françoise de
Goutz, qui, veuve d'Étienne du Cros, écuyer, épousa
en secondes noces Pierre de Carrière, capitoul de Toulouse ès années 1608 et 1620, fils d'autre Pierre de
Carrière, capitoul en 1581, et de Jacquette de Jullia. De
leur mariage étaient nés : Jean de la Mamye, seigneur
de Clairac, dont le fils, André de la Mamye fut reçu chevalier de Malte en 1602, et :

« Noble Pierre de la Mamye, seigneur de Clairac,   1648.
» Villeneuve, las Barthes, syndic général de la province
» de Languedoc; » ainsi dénommé et qualifié au
recueil de Béjard déjà cité, comme exerçant à cette
époque (1655) la charge de syndic général qu'avait
tenue son père. Selon ce même recueil, il avait été
honoré deux fois (1639 et 1645) de la dignité de capitoul, et c'est postérieurement sans doute qu'il entra en
exercice de la charge de syndic général. Les procès-
verbaux des États le mentionnent assez ordinairement
sous le nom de sieur de Villeneuve. Député à la Cour
par délibération des États du 14 avril; cette mission
marqua le terme de son exercice, car quelques mois
après, sa charge avait passé à : (8)

Jean de Boyer, avocat, seigneur d'Odars, qui siégeait   1657.
en qualité de syndic général dès le 5 novembre 1657,
et l'année précédente avait été capitoul de Toulouse.
Il était fils d'autre Jean de Boyer, capitoul de Toulouse
en 1634, et avait épousé, le 1er août 1652, Anne de
Lafont. Le jugement de maintenue de noblesse qu'il

obtint lè 27 janvier 1670 conjointement avec ses quatre fils, Jean, Jean-Jacques, Pierre, et Bernard-Louis, lui donne les qualités de syndic général de Languedoc, seigneur d'Odars et coseigneur de Bonrepos. Un acte notarié du 30 juin 1679 qui le montre établi dans sa maison, à Toulouse, le qualifie : « Noble Jean de Boyer, seigneur d'Odars, syndic-général de la province de Languedoc. » Mais, à cette époque, les fonctions de cette charge, dont il prenait encore le titre, étaient exercées, probablement, sur sa demande, par son fils :

1693.   Noble Jean-Jacques de Boyer, seigneur de Saint-Germier, ainsi qualifié dans un acte notarié du 14 janvier 1679, où il comparaît avec les autres syndics généraux, ses collègues, pour adjuger la ferme de l'équivalent. L'*Armorial des États* de 1686 qui par erreur ne lui donne que le nom de Jean, le qualifie non-seulement seigneur de Saint-Germier, mais aussi seigneur d'Odars, terre dont alors il avait hérité de son père. Son exercice se prolongea jusqu'aux États ouverts à Montpellier au mois de novembre 1702. Il eut alors pour successeur, autre :

1702.   Jean Jacques de Boyer d'Odars, dont l'installation est à la date du 9 décembre 1702. A tort ou à raison, M. de Bernage de Saint-Maurice, intendant de Languedoc, conçut une vive animosité contre lui, et les plaintes élevées de part et d'autre envenimèrent de plus en plus ce débat, qui tenait aux personnes et non aux fonctions. S'alarmant sans doute sur la conservation de sa charge, d'Odars produisit un mémoire dans lequel il établissait, par des citations multipliées, que les officiers de la province ne dépendaient que des États qui eux-mêmes ne pouvaient les destituer que dans le cas de forfaiture ou de promotion à un emploi incompatible. On ne voit pas, d'ailleurs, que les États eussent pris parti pour ou contre leur syndic. Toutefois, l'irritation devint telle, qu'un courrier fut dépêché pour rapporter les ordres de la Cour; c'était en décembre 1723. Au retour du courrier, il fut délibéré que la sénéchaussée de Toulouse aurait à s'assembler, et elle se réunit effectivement dans le courant du mois suivant. D'Odars donna sa démission en faveur du sieur Favier, qui, agréé d'abord par la sénéchaussée, le fut ensuite par l'assemblée générale. Presque en même temps, c'est-à-dire le 31 janvier 1724, les États accordèrent à d'Odars une gratification de 24,000 livres en considération de ses services et de ceux de ses ancêtres (9).

Jacques Favier, nommé et reçu syndic général au mois de janvier 1724, assistait alors aux États comme capitoul député de Toulouse (10). Il est nommé avec la qualité de syndic général en l'arrêt du Conseil d'État du roi du 13 octobre 1727 qui confirme les officiers de la province, leurs femmes et enfants, dans la jouissance des droits de *Committimus* et d'évocation; la même année et par délibération du 20 février prise aux États réunis à Nîmes, il avait obtenu la survivance de sa charge pour Jean-Louis Favier, son fils aîné. La mort le surprit au mois de septembre 1731; il devait être de tour aux États suivants pour la députation à la Cour, et le sieur de Montferrier fils, syndic général survivancier en la sénéchaussée de Carcassonne, le remplaça dans cette mission. Ses autres fonctions furent remplies par ses collègues jusqu'à l'installation de son fils et successeur.

1732. Jean Louis Favier, qui sans doute à cause de son âge ne fut admis que le 9 décembre 1732; néanmoins les États lui accordèrent les émoluments de la charge depuis le décès de son père dont ils voulaient reconnaître les services. Adonné à ses plaisirs et déréglé dans ses dépenses, Jean-Louis Favier dut bientôt quitter des fonctions dont l'importance et la gravité contrastaient avec ses habitudes. C'est en 1738 et le 20 décembre qu'il donna sa démission, et les États le gratifièrent d'une somme de 24,000 livres. Du reste, amené par la perte de sa fortune à faire emploi de ses talents, Favier devient un célèbre publiciste. Je ne rappellerai de ses nombreux ouvrages que les *Doutes et Questions sur le Traité de Versailles du 1er mai 1756*, et *les Conjectures raisonnées sur la situation actuelle de la France, avril* 1773. Ces deux écrits résument la diplomatie de l'époque, et le comte de Ségur s'est à peu près borné à les réimprimer lorsqu'il a voulu présenter le *Tableau de la politique de tous les cabinets de l'Europe pendant les règnes de Louis XV et de Louis XVI. (Voir* la deuxième édition de l'ouvrage publié sous ce titre, 1801, 3 vol. in-8°). On peut aussi consulter la *Biographie universelle*, imprimée chez Michaud, qui dans un article consacré à Favier donne des détails intéressants sur son orageuse vie. Elle se termina à Paris le 2 avril 1784. Favier avait eu pour successeur dans sa charge de syndic général :

Joseph de la Fage, trésorier de France en la généra- 1738
lité de Toulouse (11), qui fut pourvu le 22 décembre
1738. Il exerçait depuis moins de trois ans lorsqu'une
délibération des États du 24 janvier 1741, prenant en
considération les preuves de zèle et de capacité qu'il
avait données, lui rendit commune la grâce qui avait
été faite précédemment à ses deux collègues, c'est-à-
dire la concession personnelle d'une retenue de 60,000
livres sur la charge qu'il occupait, retenue payable à
lui ou à ses ayants cause par son successeur en la même
charge. Son exercice, auquel son fils qui va suivre fut
adjoint par délibération du 9 décembre 1747, se prolongea jusqu'au 4 décembre 1762, date de sa démission. Il reçut des États le 2 mars 1764 (et c'est le premier exemple de cette faveur) des lettres de syndic
général honoraire, et à ce titre prit séance aux États
rassemblés à Montpellier, le 29 novembre suivant. C'est
en la même qualité qu'il est rappelé à l'*Armorial des
États* de 1767 (un vol. in-4°). On l'y trouve aussi qualifié : seigneur de Saint-Martin. Joseph de la Fage, qui
avait épousé Marie d'Adhemar de Monteil, fille de Joseph d'Adhemar, vicomte de Trébas et de Marie Thé-
rèse de Nobili, dame d'Esplas, au diocèse de Rieux, et
de Saint-Amadou, au diocèse de Pamiers, en eut entre autres enfants : Jean-Pierre de la Fage, prédicateur
distingué, qui refusa l'évêché de Montpellier, auquel il
avait été nommé le 6 juillet 1802, et :

Henri-Joseph de la Fage, baron de Pailhès, seigneur 1762.
de Menay, Madière, Pujagon et autres lieux, syndic
général de la province de Languedoc, ainsi dénommé

et qualifié en l'*Armorial des États* de l'année 1767. Il avait, dès le 9 décembre 1747, obtenu la survivance et la concurrence de la charge de son père, qui se retira le 4 décembre 1762. C'est dans cet intervalle et par contrat du 27 avril 1753, que Henri-Joseph de la Fage épousa Catherine-Marie-Anne-Thérèse de Gavarret, fille d'Antoine de Gavarret, chevalier seigneur de Clarette et d'Issus, et de Marie-Anne de Gavarret, dame d'Issus. Plus tard, en 1774, il fut reçu à l'Académie des Jeux Floraux. Ses fonctions de syndic général qu'il remplissait avec distinction, ne furent interrompues que par sa mort, qui survint inopinément pendant sa députation à la Cour. C'est à Paris qu'il décéda le 23 avril 1782 ; il laissait un fils, Antoine de la Fage-Pailhès, né en 1755, que son mérite personnel et les services de sa famille, appelaient à une charge si tristement vacante, mais le crédit de M. de Brienne, archevêque de Toulouse, l'emporta sur toutes les convenances que cette nomination eût satisfaites. Un autre prétendant fut accueilli et préféré ; ce fut :

1783.

Nicolas-Joseph Marcassus, baron de Puymaurin (12), dont l'admission en qualité de syndic général eut lieu par délibération du 23 décembre 1783 ; il s'était fait connaître, depuis plusieurs années, par un goût vif pour les arts et comme membre très-utile de l'Académie des Sciences, Inscriptions et Belles-Lettres de Toulouse. Un article de la *Biographie toulousaine* imprimée chez Michaud, rend compte avec détail de cette partie de sa vie et des services qu'il rendit pendant sa carrière administrative ; elle fut courte mais éclairée et laborieuse. En 1789, le marquis de Montferrier, syndic général en la sénéchaussée de Carcassonne, ayant donné sa démission, les États qui l'acceptèrent par délibération du 21 février, arrêtèrent en même temps que, jusqu'à ce qu'il eût été autrement pourvu, le travail du département de la sénéchaussée de Carcassonne serait réuni au département de la sénéchaussée de Toulouse avec transport en faveur de M. de Puymaurin, syndic général de cette dernière sénéchaussée ; de tous pouvoirs, mandats, fonctions à ce relatifs, comme aussi pleine et entière liberté à M. Puymaurin de se faire aider et suppléer ainsi et par qui il aviserait pour le travail que l'un ou l'autre de ces départements pourrait exiger. C'est en vertu de cette délibération que le 5 avril suivant M. de Puymaurin donna procuration à M. de Carrière, secrétaire des États, pour faire les emprunts délibérés par l'assemblée et signer tous les actes concernant la province. Il se rendit en même temps à Toulouse et une maladie qui l'y retint ne lui permit pas de prendre part aux pénibles circonstances qui amenèrent la suppression des États. Lorsqu'un décret du mois de mars 1790 eut institué la Commission provisoire qui devait pourvoir au recouvrement des impôts en l'absence des administrations principales et secondaires du pays de Languedoc, M. de Puymaurin, que cette commission avait le droit de faire comparaître ainsi que tous les autres officiers de la province, chargea de nouveau M. de Carrière du soin de le représenter; les pouvoirs qu'il lui adressa à cet effet datent du mois de mai 1790, acte reçu par Campmas, notaire de Toulouse. Au mois de novembre de l'année suivante, M. de Puymaurin succomba sous le poids de ses infirmités et de ses chagrins, il laissait un fils, Jean-Pierre-Casimir, baron de Puymaurin, que le département de la Haute-Garonne a honoré plusieurs fois de la députation, et à qui Louis XVIII confia la direction de la monnaie et des médailles ; il est mort à Toulouse le 14 février 1841, à l'âge de 84 ans, laissant postérité.

CHAPITRE DEUXIÈME.

1501. — Maître Gabriel de Laye, docteur en chacun droit, était en **1501** procureur du pays de Languedoc pour la sénéchaussée de Beaucaire. Il mourut à Lyon au mois de juillet de la même année et probablement à son retour de la Cour. Deux mois après (septembre 1501), les États rassemblés au Puy s'occupèrent d'une requête que présentèrent ses enfants au sujet des services de leur père. C'est pendant la tenue des mêmes États qu'un successeur fut donné à Gabriel de Laye. Ce successeur fut :

1501. Maître Jehan de Vaulx, juge royal d'Uzès, qui le jeudi **23** septembre **1501**, obtient les suffrages des « vicaires, nobles, consuls, chefs de diocèses et autres » diocésains de la sénéchaussée de Baucaire » et dont l'élection est confirmée le même jour par l'assemblée générale des États. Le surlendemain (25), l'assemblée nommant *les ambassadeurs vers le roy* met au nombre Jehan de Vaulx. L'année suivante (1502) et le **26** octobre, il venait d'être compris dans la constitution annuelle des procureurs du pays, telle que les États avaient alors coutume de la faire lorsque « Jehan de » Balma, consul de Nismes, requit qu'il fût permis aux » États de la sénéchaussée de Beaucaire se tirer à part, » et voir si Jehan de Vaulx s'est bien acquitté en sa » charge, et d'en eslire et constituer un autre, attendu » que l'office de procureur est office annal, s'il semble » bon à eux. » Mais il fut conclu « que la requête » était déraisonnable pour tant qu'il n'est pas accou- » tumé de destituer les procureurs du pays s'ils n'ont » forfait ou ne se acquittent de leur charge ou devoir ; » et que puis que ceulx de la dite sénéchaussée l'ont » eslu et présenté, n'est pas à leur pouvoir de le desti- » tuer, car c'est à tous les États ; et pour ce que les » dits États le trouvent suffisant et l'ont agréable ; l'ont » constitué comme dessus. » En 1507 et le 12 janvier, sur l'avis reçu que Jehan de Vaulx était au nombre des conseillers au Parlement de Toulouse dont cette com- pagnie devait être augmentée d'après la demande des États, la sénéchaussée de Beaucaire se rassemble et élit pour procureur maître Joachim Comte, docteur en chacun droit. Celui-ci était absent, et son élection n'est confirmée par les États qu'avec réserve en faveur de Jehan de Vaulx s'il n'était pas reçu au Parlement. On fera connaître ci-après (voir l'article Arquier) que cette promotion de conseillers ne reçut aucune suite. Jehan de Vaulx ou de *Vallibus* (car il est fréquemment dési- gné sous ce nom qui n'est que la traduction latine de l'autre) continua donc d'occuper comme procureur du pays ; il avait conservé les fonctions de juge royal d'Uzès, puisqu'il est ainsi qualifié dans une délibération du mois de novemdre 1513 qui le députe auprès de Charles, duc de Bourbon, gouverneur du Languedoc. Du reste, il fut souvent honoré de missions particulières, et on trouve au procès-verbal des États de 1516 sous la date du 23 octobre ce délibéré assez remarquable : « Messieurs des états, après plusieurs et diverses conclusions, avis et délibérations par eux prises pour envoyer ambassade vers le roy notre Sire, contrairement les uns aux autres ; mesdits sieurs pour plusieurs causes justes et raisonnables à ce les mouvant, d'ung commun consentement et avis, ont commis et deputé maître Jehan de Vaulx procureur du pays et maître Guillaûme Bertrand, greffier des dits états. » Il n'y avait donc unanimité de confiance que pour ces deux officiers; Jehan de Vaulx exerça encore pendant deux années, car le 15 octobre 1518 on le voit aux États tenus à Toulouse supplier l'assemblée, « pour ce qu'il est vieux aulcunement et cassé, que fût le bon plaisir de prendre et recevoir en son lieu maître Pierre Alby, licentié et avocat de Nismes, son gendre illic présent ; » et cette supplique fut immédiatement accueillie tant par la sénéchaussée de Beaucaire que par l'assemblée générale.

1518. Pierre Alby (13) ou le Blanc (car ce nom qui n'est que la traduction française de l'autre est plus fréquemment employé dans les procès-verbaux qui suivent), élu et installé le 15 octobre 1518, fut le même jour compris dans la constitution *annuelle* des procureurs du pays. Ayant été pourvu par le Roi au mois de juillet 1524 de l'office de garde des archives en la sénéchaussée de Beaucaire, « aulcuns (porte le procès-verbal des États de la même année en date du 15 octobre) « alléguèrent l'incompatibilité du dit office » avec l'office de procureur du pays, » mais il en fut autrement décidé par délibération prise (dit le procès-verbal) « concordablement et sans discrépance. » Honoré en 1526 et 1527 de la députation à la Cour, Pierre le Blanc vint en 1530 le 13 décembre, les États se tenant à Montpellier, demander que « sa charge » de syndic fût baillée à son fils, maître Jehan le » Blanc, escolier à Toulouse, et au survivant *d'eux* » *deux*, afin qu'il le pût instruire et dresser de son » vivant. » Et effectivement par élection immédiate de la sénéchaussée, par confirmation des États généraux, la charge de syndic fut donnée à Jehan le Blanc « en- » semble avec son dit père, l'un en l'absence de l'autre » et au survivant d'eux deux. » Jehan le Blanc n'étant pas présent, son père fut mis en possession, *nomine filii*, sous la prestation du serment et la tradition en ses mains du livre des priviléges du pays. Du reste, Jehan le Blanc ne paraît pas être entré en exercice, et il était mort avant le 26 octobre 1536, jour où son père rappe-lant cette perte à son âge avancé, vint solliciter une élection « en la même forme et manière qui avait été » faite de son dit feu fils, pour maître Jacques de » Vaulx, escuyer, licencié es-droits, seigneur de Ser- » vières, illic présent. » La sénéchaussée de Beaucaire et ses États généraux (ils se tenaient à Montpellier), s'étant montrés favorables à cette demande, de Vaulx

fut admis et prêta serment. Il était fils du syndic Jehan
de Vaulx ou *de Vallibus*, prédécesseur et beau-père de
Pierre le Blanc.

Jacques ou Charles de Vaulx, car il est quelquefois 1536.
indiqué par ce dernier prénom, exerça, concurremment avec Pierre le Blanc, son beau-frère, depuis le
26 octobre 1536 jusqu'en 1542 ; puisque le procès-verbal de cette année les rappelle l'un et l'autre dans la
constitution ordinaire des syndics (délibération du
19 octobre) ; en ajoutant : « Iceux le Blanc et de
« Vaulx, constitués jouxte leurs intentions. » Mais
on lit au procès-verbal de l'année 1543 et sous la date
du 1er octobre : « Pierre le Blanc, syndic dudit pays
» en la sénéchaussée de Beaucaire, juge ordinaire
» pour le roi de la ville et cour des conventions à
» Nismes, représente qu'en l'an 1536, au mois d'octo-
» bre, il avait résigné l'office de syndic audit pays
» entre les mains des dits États en faveur de noble
» Charles de Vaulx, licentié es droits, seigneur de
» Serviez ; et seroit advenu que depuis certain temps
» en çà ; le dit de Vaulx auroit prins exercice aux
» armes et laissé sa charge vacante, à cause de quoi
» le dit le Blanc se voyant en vieillesse et caducité, et
» ayant un fils sien nommé Maître Robert le Blanc,
» licentié es droits, âgé de vingt-cinq ans ou environ,
» idoine et souffisant à faire la dite charge, il sup-
» plioit lesdits États que leur bon plaisir fût de mettre
» au lieu du dit de Vaulx, son beau-frère, occupé au
» fait des armes, le dit son fils. » Ce qui fut accordé
par la sénéchaussée de Beaucaire et confirmé par les

États généraux avec clause que Robert le Blanc, lequel serait reçu aux États prochains, ne s'immiscerait dans la charge ni ne prendrait gages durant la vie de son père si celui-ci n'avait légitime excuse de maladie ou autre. C'était dans les mêmes termes que l'année précédente Jean Salamonis avait été adjoint à Pierre Salamonis, son père, syndic de la sénéchaussée de Toulouse.

1544.

Robert le Blanc fut effectivement admis l'année suivante et le jour même où les États rassemblés à Béziers ouvrirent leurs séances, c'est-à-dire le 2 juin 1544. Le bail de son bonnet et l'assignation de son lieu et siége marquèrent sa prise de possession. Compris avec Pierre le Blanc, son père, dans la constitution annuelle des procureurs du pays, faite le 2 décembre de la même année dans une assemblée tenue également à Béziers, il est nommé seul dans la constitution des procureurs de l'année suivante (1545), ce qui induit à croire qu'à cette époque il exerçait seul le syndicât. Comme son père, il réunit à cette charge celle de juge royal de Nîmes, car on trouve au procès-verbal de l'année 1554 et à la date du 2 octobre, la délibération suivante que, malgré sa longueur, il paraît intéressant de rapporter en son entier : « Maistre Robert le Blanc, syndic du » pays en la sénéchaussée de Beaucaire, a requis à » l'assemblée vouloir déclarer, si, non obstant les inhi- » bitions faites en vertu d'un appointement donné par » la cour du parlement de Toulouse sur une requête » présentée par le procureur général du roy du dit par- » lement, à ce que les officiers royaux ne se puissent

» mêler des affaires des États dudit pays; si le pays
» entend et veut que iceluy le Blanc et Maître Jacques
» Bertrand, greffier et secrétaire des dits États qui sont
» pourvus de l'office de juge royal ordinaire, l'un en la
» ville du Puy et l'autre en la ville de Nismes, soient
» continués et exercent les états et offices qu'ils tien-
» nent du pays? les dites gens des états d'un commun
» avis et sans discrépance ont conclu qu'en considéra-
» tion des bons et agréables services qu'iceux le Blanc,
» syndic, et Bertrand, greffier et secrétaire aux dits
» états, ont fait au dit pays, et que leurs pères, qui
» étoient aussi pourvus des dits offices de judicature
» royale des dites villes avoient exercé les offices du dit
» pays fidèlement par l'espace de soixante ans et plus,
» au grand contentement d'iceluy; pour ces causes, et
» autres raisonnables à ce les mouvant, ont dit et dé-
» claré les dits offices de juges ordinaires royaux des
» dites villes de Nismes et du Puy n'être incompatibles
» que les dits le Blanc et Bertrand ne puissent avoir et
» exercer les offices qu'ils ont du dit pays comme ils
» ont fait ci devant et leurs prédécesseurs; dont en
» tant de besoin seroit, les dits états ont confirmé et
» confirment à savoir : le dit maître Jacques Bertrand
» en son office de secrétaire et greffier du dit pays, et
» le dit maître Robert le Blanc en l'office de syndic du
» dit pays en la sénéchaussée de Beaucaire, pour
» iceux offices tenir et jouir paisiblement, nonobstant
» les dits appointements et inhibitions, et en suyvant
» les conclusions et délibérations dès longtemps prinses
» aux états; ont statué et ordonné que les dits Bertrand

» et le Blanc, greffier et syndic du dit pays et autres
» officiers, d'iceluy, ne pourront être suspendus ni
» destitués de leurs dits offices du pays, sans for-
» faiture, crime, et qu'il n'ait été au préalable co-
» gneu et ordonné par une cour souveraine ou par
» promotion effectuelle en autres offices incompati-
» bles. Et où seroit par ci après fait ou donné
» trouble aux dits officiers du pays ou à l'ung
» d'eulx à l'occasion desdites inhibitions, incompati-
» bilité ou autrement en quelque manière que ce soit,
» s'il n'est en cas de forfaiture, crime, promotion
» comme dit est ; le pays prendra la cause en défense
» aux dépens dudit pays, afin que lesdits officiers qui
» sont de présent et qui seront à l'avenir soyent enclins
» et affectionnés de bien servir le pays, et de garder les
» droits et libertés d'iceluy, et pour ouster tout moyen
» de calomnie aux envoyés et entreprises de ceux qui
» veulent poursuivre lesdits officiers sans raison. »

Cette dispense prononcée par les États et qu'ils confirmèrent en 1558 dans une délibération qui sera men-
tionnée à l'article de Raulin du Mois, trésorier de la
bourse, témoigne des services distingués de Robert le
Blanc. On le voit effectivement, en 1547, chargé d'aller
en Cour pour le maintien des priviléges du pays, et
pendant quatre années consécutives (1553, 1554, 1555
et 1556) honoré de la députation auprès du roi. En 1562
il figure avec les qualités de seigneur de la Rouvière,
de syndic en la sénéchaussée de Beaucaire et de juge
ordinaire de Nîmes, dans un acte du 14 avril, relatif à
la levée d'une imposition extraordinaire (procès-verbal

de l'assemblée tenue à Carcassonne du 9 au 14 avril 1562); mais un autre procès-verbal d'une autre assemblée, tenue également à Carcassonne au mois de décembre suivant, ne le mentionne plus qu'avec l'expression du mécontentement. En effet, le 15 décembre, après information d'où résulte « qu'il ne s'est point présenté aux États et n'a point fait parvenir ses excuses, qu'il a pris part dans la ville de Nîmes à des actes séditieux et rebelles, qu'il a fait la cène à la manière de Genève, etc., » la sénéchaussée de Beaucaire se réunit et le remplace dans les fonctions de syndic par maître Basile Rivière, docteur ès droits, habitant de Nîmes. Celui-ci est admis provisoirement par l'assemblée générale et jusqu'aux prochains États, dit le procès-verbal; mais il ne résulte de ce délai aucune solution favorable à Robert le Blanc. En vain l'année suivante (1563) aux États tenus à Narbonne vint-il en personne insister sur sa réintégration, s'appuyant, d'ailleurs, sur l'édit de pacification récemment publié; de nouvelles charges s'élevaient contre lui et une délibération du 21 décembre confirma sa révocation. Le lendemain, ceux de la sénéchaussée de Beaucaire qui faisaient partie des États, procédèrent à son remplacement définitif; leur choix confirmé par l'assemblée générale désigna maître Guillaume Chalendar, seigneur de la Motte « estant certifié dès longtemps, dit le pro- » cès-verbal, de sa suffisance et probité. » Mais Robert le Blanc fit de nouvelles démarches, il obtint même de l'autorité royale des lettres et provisions qui le rétablissaient dans l'office de syndic et le qualifiant : « juge

» ordinaire de Nîmes ; » il vint les présenter lui-même le samedi 28 décembre 1564 dans l'assemblée des États alors réunie à Beaucaire. Les États, en confirmant de plus fort la révocation prononcée, déclarent que si Robert le Blanc attaque et met en procès Guillaume Chalendar, seigneur de la Motte, son successeur, le pays prend fait et cause pour celui-ci et supportera les frais des poursuites ; ils rappellent en même temps au Roi leurs délibérations antérieures et ses propres édits d'après lesquels ses officiers ne pourront être syndics, procureurs ou entremetteurs des affaires des communautés ; demandant au besoin annulation de toutes dispenses à ce contraires. Il est remarquable, en effet, que Robert le Blanc n'en avait pas moins continué d'exercer la charge de juge royal de Nîmes, ce qui tenait, sans doute, à l'exécution de l'édit. Quoi qu'il en soit, six ans après, au mois d'octobre 1571, cette qualité n'est plus donnée à Robert le Blanc, il avait renouvelé ses instances auprès des États, qui le repoussèrent encore, et probablement pour la dernière fois. Leur procès-verbal ne le qualifie plus à cette époque que : sieur de la Rouvière.

1563.

Guillaume Chalendar, seigneur de la Motte (14), installé au mois de décembre 1563, et qui, malgré les poursuites et même les actes de violence auxquels Robert le Blanc se porta contre sa personne, sa famille et ses biens, continua dès lors son exercice, était antérieurement procureur ou syndic particulier du pays de Vivarais ; aussi l'année suivante (1564), une délibération inscrite au procès-verbal sous la date du 21 oc-

tobre, jour de l'ouverture de l'assemblée arrêta : « que
» pour cette année, et sans tirer à conséquence, le
» sieur de la Motte, syndic du pays en la sénéchaussée
» de Beaucaire, assisteroit, tant comme syndic du pays
» que, aussi, comme procureur du pays de Vivarais. »
Guillaume de la Motte fut député à la Cour par l'assemblée qui se tint à Beaucaire au mois de novembre
1570. En 1574 et le **30** décembre aux États réunis en
la ville de Villeneuve-lès-Avignon, on le voit sous le
titre de syndic du pays en la sénéchaussée de Beaucaire et Nismes « requérir et supplier Messieurs des
» états qu'en considération des longs et fidèles services
» qu'il a faits au pays pendant l'espace de **34** ans,
» et qu'il espère encore faire et continuer tout le
» temps de sa vie, leur bon plaisir fût d'agréer la
» proposition qu'il fait de Pierre de la Motte, son fils,
» en l'office de syndic du pays pour la dite sénéchaus-
» sée de Beaucaire et Nismes à la survivance ; ajoutant
» qu'il l'avoit fait nourrir et entretenir **9** ou **10** ans aux
» études à Paris et ailleurs pour le desdyer entière-
» ment au service du pays. » Les États favorables à sa
demande accordent immédiatement cette survivance
avec clause « que le père exercera l'office tant qu'il
» plaira Dieu luy donner vie, et que le fils continuera
» à parfaire ses études. » Le tout (porte le procès-verbal) « sans préjudice des droits de ceux de la séné-
» chaussée qui ont consenti et agréé la dite proposi-
» tion ; en même temps l'archevêque de Narbonne est
» prié de vouloir interroger en son logis le dit Pierre
» de la Motte, pour savoir sa capacité. » Et cet examen

eut lieu le jour même, car ce prélat vint rapporter à
l'assemblée avant la fin de la séance « avoir faict essai
» de l'advancement que Me Pierre de la Motte, fils du
» syndic, avoit aux bonnes lettres, qu'il a trouvé avoir
» bien étudié et être suffisant, et duquel il falloit espé-
» rer quelque bon fruict. » Sur ce témoignage, sept
jours après (le 6 janvier 1575), l'assemblée admit
Pierre de la Motte au serment « tant sous les condi-
» tions ci-devant déduites, dit le procès-verbal, qu'à la
» charge de continuer en la religion catholique, apos-
» tolique et romaine. » Mais bientôt le père se reposa
sur le fils des soins du syndicat et laissa même passer
deux années consécutives (1580 et 1581) sans se rendre
aux États qui, d'ailleurs, agréaient ses excuses. Les
dernières traces de l'exercice de Guillaume de la Motte
se montrent dans une délibération du 5 janvier 1582
qui le chargea d'une mission pour laquelle il avait peu
à se déplacer; il s'en acquitta et venant en rendre
compte le 10 janvier 1585, il supplia Messieurs de l'assemblée (alors réunie à Béziers) « de trouver bon le
» service qu'il leur a fait depuis 20 ans avec intégrité,
» que son fils continuera comme il l'a prouvé. » On
peut induire de son testament (29 juillet 1586) qu'il
mourut l'année suivante. De ses fils au nombre de cinq
et qui sont dénommés dans l'ordre suivant : Pierre,
Noël, Antoine, Olivier et Jean, le premier et le dernier occupèrent successivement sa charge.

1575.   Pierre Chalendar de la Motte, qui avait été admis au
serment le 6 janvier 1575 en qualité de survivancier,
et que la retraite de son père (1er janvier 1585) rendait

seul titulaire, continua l'exercice du syndicat pendant
moins de dix années, car dès avant 1596 il avait eu
pour successeur le plus jeune de ses frères.

Jean Chalendar de la Motte, docteur ès droits, ainsi pré- 1596.
nommé et qualifié dans un acte du mercredi 7 février
1596 où il agit comme syndic général. Cet acte, qui
contient traité entre le pays de Languedoc et le sieur
Brotel chargé de la construction du pont de Brescou,
est inséré en entier dans le procès-verbal d'une autre
assemblée tenue la même année (le 11 novembre) dans
la ville de Béziers; il donne aussi à Chalendar de la
Motte le prénom de Jean. C'est sous le même prénom
qu'il figure dans l'assemblée ouverte au Saint-Esprit,
le 30 août 1605, et il y reçoit, ainsi que Pierre de Bardichon, autre syndic, pouvoir de traiter de l'emprunt
d'une somme de 75,000 livres accordée par le pays
comme subside extraordinaire; on le voit encore sous
le prénom de *Jean* signer le 20 novembre 1612 en sa
qualité de syndic général les articles accordés par la
ferme des gabelles de la province. C'est encore sous le
prénom de Jean et avec les qualités de docteur et avocat et de syndic général qu'il prend part à une conférence ouverte le 19 mars 1613 dans la ville de Pézénas
entre les représentants du pays de Languedoc et les
députés des pays de Rouergue et d'Auvergne. Il s'a-
gissait de crues mises sur le sel, et ces provinces
avaient engagé des contestations que leurs délégués ne
purent régler; aussi l'affaire dut-elle se poursuivre auprès du roi. Jean de la Motte, qui en 1597, 1601, 1612,
1614, 1618, 1620, et autres années, fut honoré de la

députation à la Cour, avait épousé, le 16 août 1598, Jeanne de la Baulme; il est rappelé sous les qualités de : « Noble Jean de la Motte, seigneur d'Uzers, syn- » dic général de la province de Languedoc » dans le contrat de mariage passé le 30 octobre 1636, entre Françoise de la Motte, sa fille, et Claude de Fages, écuyer, seigneur de Chazeaux. Déjà Anne de la Motte, son autre fille, avait épousé, par contrat du 3 novembre 1622, une personne de la même famille, noble Guillaume de Fages, coseigneur de Tauriès. Il eut de plus deux fils, Anne et Jean de la Motte, celui-ci seigneur de Saint-Laurent-des-Bains, au diocèse de Viviers. Anne avait été admis comme adjoint et survivancier en l'exercice de la charge de son père, puisqu'on trouve au procès-verbal de l'assemblée des États, ouverte le 15 juillet à Pézénas et sous la date même de ce jour d'ouverture, la mention qui suit : « Comme aussy ayant » été faict lecture d'aultre lettre écrite par le sieur de » la Motte, syndic général, contenant excuse de ne » s'être pu trouver aux États par indisposition, et ouï » sur ce, *le sieur de la Motte aussi syndic, son fils;* » qui a protesté aux Estats de la même fidélité que » son père, Monseigneur le président l'auroit exhorté à » continuer le devoir de la même affection. »

1626.

Anne Chalendar de la Motte, qui, comme on le voit, occupait communément avec son père, est rappelé avant l'année 1626 sous le prénom d'*Anne* et avec la qualité de syndic général, dans des actes des années 1633 et suivantes, jusqu'en l'année 1642, qui fut le terme de son exercice. La députation à la Cour lui avait été confiée en 1627, 1632, 1634, 1636, 1639, 1642; il eut de plus, en 1642, mission de passer avec Nosseigneurs du conseil le contrat du droit de subvention d'un sol pour livre; c'est avec les qualités de seigneur de Chantuzac et de syndic général de Languedoc, qu'il avait épousé, le 9 mars 1631, Marie de Merle, fille d'Hérail de Merle, baron de la Gorce, gentilhomme ordinaire de la chambre du roi et de dame Anne de Balazuc. Un fils, Louis, qui provint de cette alliance, entra dans les ordres puisqu'en 1669, le 23 décembre, il est qualifié : prieur de Gillot; cette même date est celle du jugement de maintenue de noblesse qu'obtint en Languedoc la famille Chalendar de la Motte. Anne, qualifié seigneur d'Uzers et de Chantuzac, occupait la charge de président et juge mage à Valence en Dauphiné; celle de syndic qu'il avait quittée en 1642 fut accordée à Pierre-Baptiste de Joubert qui depuis 1634, exerçait les fonctions d'avocat de la province en la Cour des Comptes, aydes et finances de Montpellier.

« Noble Pierre-Baptiste de Joubert, fils de Monsieur Maître Isaac de Joubert, doyen des conseillers au siége présidial de Montpellier, et de demoiselle Jeanne de Guilleminet, » est ainsi qualifié au *Recueil des Titres, Armes et Blasons des États de Languedoc*, par J. Béjard. vol. in-fol. 1655. Il avait été reçu dans la charge de syndic général le 2 décembre 1642, et l'occupa probablement jusqu'à sa mort, mais avec l'assistance d'André de Joubert, son fils, admis à l'adjonction et survivance par délibération des États du 24 mars 1661. Marié par contrat du 14 février 1649 avec demoi-

1642.

selle Marguerite de Trinquière, fille de monsieur maître André de Trinquière, ancien juge mage en la sénéchaussée de Montpellier, et de dame Marguerite de Portalès ; Pierre-Baptiste de Joubert testa le 27 juillet 1678, laissant trois filles et cinq fils dont l'aîné va suivre (15).

1661.

Noble André de Joubert, ainsi qualifié en l'*Armorial des États de Languedoc*, recueilli par Beaudeau, 1686, petit in-4° ; et qui, à cette époque, occupait seul la charge de syndic général puisque ce même *Armorial* ne fait aucune mention de son père. On a déjà vu plus haut qu'André de Joubert fut syndic général par adjonction et survivance dès 1661 ; il mourut dans l'exercice de cette charge en 1721, ce qui embrasse soixante années. C'est à Montpellier que se termina sa longue et laborieuse carrière ; il revenait depuis peu de Paris où il résidait depuis 1717 conformément à une délibération des États de la même époque qui l'avait chargé notamment de la poursuite d'une affaire importante élevée entre la province et la Cour des comptes, aydes et finances de Montpellier touchant les prestations de foi et hommage. Une autre délibération des États prise à Narbonne et inscrite au procès-verbal sous la date du 16 mars 1722 s'exprime comme il suit ;
« Monseigneur l'archevêque de Narbonne, président,
» a dit que le sieur de Joubert qui mourut l'année
» dernière a rempli les fonctions de sa charge avec un
» zèle, une application et un désintéressement généra-
» lement reconnus ; qu'ayant été député à Paris pen-
» dant les dernières années de sa vie pour la poursuite

» de deux affaires très-importantes, l'une contre la
» ville de Lyon au sujet du droit du tiers surtaux et
» quarantième dont il eut l'avantage d'obtenir la sup-
» pression, l'autre contre la Cour des comptes de
» Montpellier au sujet des contestations qui sont entre
» les États et cette Cour ; il a composé sur ces deux af-
» faires plusieurs mémoires pleins de recherches et
» d'érudition dont il a été fait des recueils qu'il est
» important de conserver soigneusement dans les ar-
» chives pour y avoir recours ; qu'on ne peut refuser
» cette louange au sieur de Joubert qu'après avoir été
» utile à la province pendant sa vie, il le sera encore
» après sa mort pour les ouvrages qu'il a laissés ; que
» ses héritiers auroient un fondement légitime de de-
» mander à l'assemblée quelque marque de reconnais-
» sance pour ses services extraordinaires pendant une
» deputation de quatre années où il s'est épuisé ; si
» la situation où se trouve la province ne leur donnoit
» lieu de différer cette demande ; espérant que l'assem-
» blée voudra bien y avoir égard dans un autre temps.
» Sur quoi les États ont témoigné beaucoup de satis-
» faction du travail du sieur de Joubert ayant remis à
» un temps moins difficile de donner à sa famille des
» marques de la reconnaissance de ses longs services ;
» et il a été délibéré que les deux recueils des mémoi-
» res composés par le sieur de Joubert sur les affaires
» du tiers surtaux et de la chambre des comptes se-
» ront déposés dans les archives de la province. »

Ce ne fut pas seulement pour ces deux instances
qu'André de Joubert fit remarquer son zèle et son in-

struction. Telles étaient la confiance et l'estime accordées à ses travaux que l'on appelait vulgairement du
nom de *Code Joubert*, un recueil imprimé à Montpellier en 1716, format in-4°, et qui contient les règlements
de la province en matière d'impôts et autres objets
d'administration.

Du mariage qu'André de Joubert avait contracté le
9 octobre 1688 avec Louise de Bécherand, fille de messire François de Bécherand, baron de la Mosson, seigneur de la Motte et de Malbosc, conseiller du roi en
la Cour des comptes, aydes et finances de Montpellier,
et de dame Madeleine de Sarret, naquirent quatre fils
dont les trois premiers vont suivre, ayant été successivement admis dans la charge de leur père, le quatrième
Jean-Baptiste, dit l'abbé de Beaupré, né en 1701,
mourut en 1791 (16).

François de Joubert, l'aîné de tous, né à Montpellier le 12 octobre 1689 eut, dès l'année 1694, c'est-à-
dire à l'âge de cinq ans, la survivance du syndicat général. Reçu aux États de 1710 en cette qualité de survivancier, il s'en démit en 1713 pour entrer dans les
ordres; la mort subite de l'un de ses amis avait décidé
sa vocation, et bientôt les opinions des disciples de
Jansénius excitèrent tout son zèle. Remarqué parmi
les plus ardents de cette secte, il fut pendant quelque
temps renfermé à la Bastille; mais on a perdu aujour-
d'hui la mémoire de ces débats alors si animés, et l'on
ne se souvient guère plus des nombreux ouvrages qui
remplirent la carrière de l'abbé de Joubert (17). Sa
dernière publication, qui est aussi la plus connue, fut

le commentaire sur l'*Apocalypse*. Il mourut au mois de décembre 1763, à Paris, où il s'était fixé depuis long-temps; un testament de l'année 1720 indique qu'il jouissait d'une pension de 500 livres sur la charge de syndic général, sans doute il se l'était réservée en se démettant de la survivance, cette survivance passa bientôt à son frère puîné, Laurent-Ignace de Joubert, ainsi qu'il résulte de délibérations prises pendant les États de 1715 par la sénéchaussée de Beaucaire et Nis-mes et par l'assemblée générale.

Laurent-Ignace de Joubert, né à Montpellier le 22 octobre 1693, reçu aux États de 1715 comme syn-dic général en survivance, eut bientôt à remplir toutes les fonctions de la charge, puisque son père, André de Joubert (conformément à la délibération des États de 1717 dont il a déjà été parlé), restait à Paris pour suivre diverses affaires qui importaient à la province. Devenu titulaire en 1721, Laurent-Ignace de Joubert exerça jusqu'au mois de décembre 1732, époque à la-quelle il donna sa démission; il sollicitait et obtint, le 31 du même mois, des provisions de la charge de pré-sident en la Cour des comptes, aydes et finances de Montpellier. Les États reconnaissants de ses services le gratifièrent d'une somme de 24,000 livres et choisi-rent immédiatement pour son successeur son frère puîné René-Gaspard qui va suivre. Marié au mois d'août 1724 à Marthe Mazade, Laurent-Ignace de Jou-bert en eut un fils, Philippe-Laurent de Joubert, né en 1729, que nous retrouverons plus bas au chapitre des trésoriers de la bourse, et quatre filles savoir :

1715.

1° Louise, mariée à Jean de Benezet, mort premier président des trésoriers de France de Montpellier et qui avait été nommé commissaire du roi aux États à la commission établie par lettres patentes du 30 janvier 1734 pour les affaires des villes et communautés de la province ; sa fille épousa Pierre-Louis de Carrière, secrétaire des États que l'on verra à son tour. 2° Françoise-Marguerite-Guilhelmine, mariée à Antoine-Henri de Sarret, baron de Coussergues, dont le fils Joseph-Henri, chevalier de Malte en 1793, contre-amiral honoraire, fut nommé pair de France en 1827. 3° Louise-Élisabeth, prieure de dominicaines. 4° Marie-Françoise-Jeanne, mariée à Jacques Sicard, conseiller à la Cour des comptes, aydes et finances de Montpellier, dont la fille a épousé Antoine-Jean-Mathieu, baron Séguier, premier président de la Cour royale de Paris, grand'croix de la Légion d'honneur, nommé pair de France en 1815 et mort au mois d'août 1848.

1732.

René-Gaspard de Joubert, né à Montpellier le 21 novembre 1696, fut installé le 12 décembre 1732 dans l'exerce des fonctions de syndic général. Il était depuis 1724 avocat du roi au présidial de Montpellier, et deux délibérations des États de 1734 et 1735 lui accordèrent des délais pour vendre cette charge incompatible avec le syndicat ; une autre délibération du même temps, 1er février 1735, lui attribua une retenue de la somme de 60,000 livres sur son office de syndic, et cette nouvelle marque de bienveillance fut motivée sur les preuves de capacité et de zèle qu'il donnait à l'assemblée, comme aussi « sur ce qu'il succédait si digne-

» ment aux personnes de sa famille qui pendant un
» grand nombre d'années avaient acquis avec justice
» beaucoup de réputation dans les fonctions de la
» même charge. » Son exercice, qui ne fut pas moins
distingué que celui de ses prédécesseurs, embrassa
48 ans; car admis le 12 décembre 1732, comme il a
été dit plus haut, il mourut en fonctions le 26 novembre 1780. Son éloge comme membre de la Société
royale des Sciences de Montpellier, fut prononcé le
27 décembre 1781 en séance publique par M. de Ratte,
secrétaire perpétuel, et a été imprimé dans les mémoires de cette Société. On le retrouve dans l'ouvrage publié en 1811, un vol. in-8° par le baron des Genettes,
sous le titre : *Éloge des Académiciens de Montpellier.*
N'ayant eu que des filles (18) du mariage qu'il avait
contracté avec Marthe-Madeleine de Cambon, sœur de
François-Tristan de Cambon, évêque de Mirepoix et
tante de Jean-Emmanuel de Cambon, premier président du parlement de Toulouse, son successeur ne put
être pris dans sa descendance, et par délibération du
21 février, c'est-à-dire dans le cours de sa quatre-
vingtième année, les États lui donnèrent pour adjoint
et survivancier Jean-Baptiste de Rome, leur secrétaire
et greffier au département de Montpellier.

Jean-Baptiste de Rome, écuyer, ainsi dénommé
et qualifié en l'*Armorial des États de Languedoc*
(1767, un vol. in-4°) où il est rappelé comme secrétaire et greffier desdits États, exerçait cette dernière charge depuis le 22 décembre 1757, lorsque la
délibération du 21 février 1776 dont il a déjà été parlé

1776.

lui donna l'adjonction et survivance du syndicat général qu'occupait René Gaspard de Joubert. Devenu titulaire en 1780, il obtint en 1781 pour Pierre-Antoine-Jean-Baptiste de Rome, son fils aîné, alors secrétaire et greffier des États, l'adjonction et survivance de ce même syndicat général qu'il laissa bientôt vacant, étant décédé en 1783.

1781. Pierre-Antoine-Jean-Baptiste de Rome, né en 1748, d'abord secrétaire et greffier des États au département de Montpellier, soit nommé adjoint et survivancier en 1769, soit comme successeur de son père démissionnaire en 1776, eut en 1771 l'adjonction et survivance du syndicat général dont son père avait été pourvu ; devint syndic général titulaire en 1783 et développa dans l'exercice de cette charge une capacité peu commune. Nul ne connaissait mieux le droit public de la province, nul n'en rappelait plus à propos les maximes, nul ne se montrait plus judicieux dans leur application. Jeune, actif, d'une élocution facile, d'un travail net et précis, il eût ajouté à ses premiers succès si les événements de 1789 et la suppression des États qui s'ensuivit n'avaient borné trop tôt sa carrière. Il eut la principale part au *Compte rendu des Impositions et Dépenses générales de la province de Languedoc*, imprimé et publié par ordre des États généraux de cette province, Paris, Didot jeune, 1789, in-4° de 588 pages, réimprimé la même année à Montpellier, chez Jean Martel, in-4° de 460 pages. C'est également à lui qu'il faut attribuer la principale part dans la rédaction de la *Requête au Roi et Mémoire pour les États de*

Languedoc, Paris, Didot jeune, 1789, brochure de 110 pages, importante à consulter et aujourd'hui fort rare. Enfin, lorsque les décrets de l'Assemblée constituante eurent porté le dernier coup à l'administration du Languedoc, c'est lui qui, sans nom d'auteur et d'imprimeur, et sans date d'année et de lieu, fit paraître une brochure in-4° de 23 pages, intitulée : « Opi- » nion d'un électeur de la ville de Nismes sur la for- » mation des départements en Languedoc et sur la » division projetée de cette province en huit adminis- » trations absolument isolées et désunies. » Mais tous ces efforts étaient inutiles, la division par département s'établissait, et se voyant du reste à la retraite, Pierre-Antoine-Jean-Baptiste de Rome ne vécut plus que pour sa famille, et ses amis qui eurent bientôt à regretter sa perte. Il mourut au mois de novembre 1795.

CHAPITRE TROISIEME.

.

1501.
États ouverts au Puy, le 14 septembre.

Maître Jean Lamée était en exercice. Plusieurs de ses rapports sont mentionnés·au procès verbal de cette année et des années 1502, 1503 et 1504 ; celui de 1505 (les États se tenaient à Nîmes) contient sous la date du mercredi 17 décembre la délibération suivante : « Pour » ce que Me Jean Lamée, procureur en la sénéchaussée » de Carcassonne, est allé de vie à trépas, ceulx de la » dite sénéchaussée scavoir vicaires, nobles, et com- » mun estat en ensuivant le privilége et accoustume, » se sont retirés de la dite assemblée et ont eslu Maî- » tre Arquier, licentié ez lois. »

1505.

François Arquier ou d'Arquier ou Arquerii, ainsi élu, fut confirmé par l'assemblée générale des États. Il occupait depuis une année lorsque le 12 janvier 1507, aux États tenus à Narbonne, sur l'avis qui est donné que François Arquier et Jehan de Vaulx, procureurs du pays, sont nommés conseillers au parlement de Toulouse du nombre des six dont les États avaient de-

mandé que cette compagnie fût augmentée, les sénéchaussées de Carcassonne, Beaucaire et Nîmes se ras-
semblent et élisent de nouveaux syndics. C'est sur
Claude de Russon, docteur en chacun droit, de la ville
de Carcassonne, que porte le choix de la première,
mais cette élection n'est point confirmée par les États
sur le double motif que les consuls de Carcassonne di-
sent ne pas y avoir été appelés, et que d'Arquier déclare « n'avoir encore été reçu en la Cour de parlement
» et jusqu'alors ne devoir être destitué. » Il était dans
la destinée de d'Arquier d'être inquiété dans la possession de son office de syndic. Le procès-verbal de l'assemblée des États tenue en 1520 au Saint-Esprit, porte
la délibération suivante sous la date du 16 novembre ;
« Les gens des dits États pour ce que les diocèses et
» diocésains de la sénéchaussée de Carcassonne ont
» voulu eslire et nommer ung procureur et syndic
» nouveau et iceluy présenter aux États, et destituer
» Mᵉ Anthoine Arquier, syndic et procureur pour le dit
» pays en la sénéchaussée de Carcassonne, longtemps
» y a institué par les dits états ; disant le dit office de
» procureur être annal et révocable *ad nutum*, et que
» ledit Arquier était vieux, caduc, non suffisant, et inu-
» tile au dit pays et à la sénéchaussée pour exercer le
» dit office, ont conclud et ordonné par edict perpétuel
» et irrévocable, que le dit procureur Arquerii ni les
» autres procureurs et officiers des États en pays de
» Languedoc ne seront démis, déboutés, ni destitués
» de leurs offices, s'ils ne font forfaict en leurs offices
» et charges et envers les dits États et pays, et ne fas-

» sent cas par lequel ils dussent être destitués et dé-
» mis, *et causâ priùs cognitâ*, par les États. »

En 1522 nouvelle attaque; les États se tenaient en la
ville du Puy, et lorsqu'à la fin de leur session (9 août
1522) ils procédèrent suivant l'usage à la constitution
annuelle des procureurs ou syndics, leur désignation
tomba sur Pierre Villaris « pour cette année tant seu-
» lement, et sans révoquer M⁰ Anthoine Arquier en la
» sénéchaussée de Carcassonne. » L'année suivante
(1523) et tandis que les États étaient réunis en la ville
du Saint-Esprit, il fut pris sous la date du 24 juillet la
délibération suivante : « Villaris de Carcassonne, lequel
» avait été pourvu de l'office de procureur au dit pays
» pour la dite année en la sénéchaussée de Carcas-
» sonne sans révocation de M⁰ Anthoine Arquier, pro-
» cureur, et jusqu'à ce que le dit Arquier se serait jus-
» tifié de ce qui a été chargé aux États tenus en la
» ville du Puy; a proposé les charges contre le dit
» Arquier auxquelles Arquier a défendu ; et le tout vu
» et bien entendu, a été conclud qu'il n'y avait lieu de
» révoquer le dit Arquier ni cause raisonnable et qu'il
» démorerait en sa charge en laquelle il a été continué
» comme paravant et que les conclusions ci-devant
» prises touchant les offices et officiers des États sorti-
» ront leur plein et entier effet. »

Ainsi furent confirmés solennellement et les droits
particuliers de d'Arquier et ceux des officiers du pays.
D'Arquier exerça depuis sans trouble et jusqu'à l'époque de sa mort, c'est-à-dire vers le milieu de l'année
1528; car cette même année, et le 9 novembre, les

États rassemblés à Montpellier confirmèrent l'élection
faite par la sénéchaussée de Carcassonne en faveur de
« Me François de Gach, licentié en droit, avocat de
» Carcassonne, pour remplacement de Me Antoine Ar-
» quier, qui étoit allé de vie à trépas depuis quatre ou
» cinq mois en çà. »

François de Gach n'exerça que deux années, puisqu'on lit au procès-verbal de l'assemblée ouverte à
Montpellier en 1530, et sous la date du 15 décembre :
« Est venu à la notice et savoir des États que Me Fran-
» çois de Gach, procureur du pays en la sénéchaussée
» de Carcassonne, est allé de vie à trépas puis quinze
» jours en çà. » Et par délibération du même jour fut
élu et confirmé dans la forme ordinaire, Me Guillaume
Cominerii, licentié en droit, avocat de Carcassonne, qui,
présent à l'assemblée, prêta serment, prit place au siége
des procureurs du pays et fut mis en possession de son
office « par le bail du livre des priviléges de la pro-
» vince. »

Guillaume Cominerii, ainsi installé, n'eut qu'un
bien court exercice. Il mourut dans l'intervalle des
États de 1530 et de 1531. Deux délibérations prises le
18 novembre de cette dernière année tant par la sénéchaussée de Carcassonne que par les États réunis à
Nîmes lui donnèrent pour successeur Jacques d'Urjac,
licentié en droit, qui, présent à l'assemblée, prêta serment, prit place sur le banc des procureurs du pays à
la dextre du greffier des États, et fut mis en possession
de son office « par le bail du livre des priviléges. »

Jacques d'Urjac, installé en 1531, resta longtemps

1528.

1530.

1531.

5

en possession de son office, mais non sans aide ou coopé-
ration. En 1552 et le 18 octobre, les États rassemblés à
Nismes délibérèrent que : « Me Jehan Chasotes, docteur
» es droits, juge de Mirepoix, est commis à faire la
» charge de syndic du pays en la sénéchaussée de Car-
» cassonne au lieu et durant l'absence de Me Jacques
» d'Urjac, qui poursuit divers procès de la province, et
» seront (porte la même délibération) continués au dit
» d'Urjac les gages accoutumés. » Plus tard Chasotes
voulut se prévaloir de cet exercice temporaire, car au
procès-verbal de 1559, qui le qualifie, d'ailleurs, juge
de Mirepoix, on le voit rappeler que, commis en 1552
pour remplir la charge de syndic durant l'absence de
d'Urjac, il a occupé sans interruption, pendant deux
ou trois ans, notamment pour le procès que le pays
avait contre les habitants de Corbière (19), et demander que l'assemblée voulût bien le continuer à son service en lui permettant de tenir la place de d'Urjac, qui
est absent pour maladie à lui survenue; mais par délibération du 27 octobre prise à Nismes, les États « sans
» avoir égard à la charge donnée au dit Chasotes en
» 1552, et pour ôter tout moyen d'entreprise sur les
» officiers du pays afin qu'on ne poursuive leurs offices
» durant leur vie, décidèrent que le dit Chasotes ne
» tiendroit le lieu du dit d'Urjac qui ne lui avoit donné
» aucune charge et avoit envoyé des mémoires aux
» deux autres syndics lesquels pourront le suppléer. »
Cependant d'Urjac s'affaiblissait, sa vieillesse et sa caducité furent établies par une délibération expresse des
États. On désigna pour son *substitut* ou *coadjuteur*,

Me Antoine de Saint-Jean, habitant de la ville de Carcassonne et docteur ès droits. Cette désignation faite par
la sénéchaussée de Carcassonne le 22 décembre 1563,
fut agréée le même jour par les États, mais à la condition par de Saint-Jean « de faire confession de foy et
» de bailler dans un mois cautions et pleiges suffisants
» par devant l'évêque et dans la ville de Carcassonne. »
(Les États se tenaient alors à Narbonne.) Le lendemain
23 décembre l'évêque de Carcassonne ayant déclaré à
l'assemblée qu'Antoine de Saint-Jean s'était présenté
à lui et qu'il l'avait trouvé catholique et fort homme de
bien, de Saint-Jean fut admis sans autre formalité que
l'enregistrement de cette déclaration. On pourrait
croire que le syndic d'Urjac vit cela avec déplaisir
ou qu'il se fût donné un adjoint ou que cet adjoint fût
Antoine de Saint-Jean. Dès l'année suivante (1564),
on trouve des traces de leur mésintelligence. Certaines
pièces défavorables à de Saint-Jean avaient été trans-
mises à l'assemblée des États par les soins de d'Urjac ;
les États en délibérèrent sous la date du 24 octobre, et
« maintenant les conclusions précédemment prises à
» l'égard d'Antoine de Saint-Jean, ordonnent que la
» charge de coadjuteur et substitut lui sera conti-
» nuée. » Néanmoins, ajoute le procès-verbal, « a été
» statué et ordonné que les trois syndics du pays seront
» doresnavant révocables lorsqu'ils auront malversé et
» failly en leur charge et office comme sera ordonné et
» jugé par les états. » Cette réserve menaçante conte-
nait-elle un reproche pour d'Urjac ou un avertissement
pour son adjoint? Quoi qu'il en fût, l'un et l'autre ces-

sèrent bientôt leurs fonctions. Antoine de Saint-Jehan mourut, Jacques d'Urjac prit sa retraite. Le 14 décembre 1568 (les États se tenaient à Carcassonne, lieu de résidence des familles d'Urjac et de Saint-Jean), il fut accordé une somme de 500 livres à Jacques d'Urjac « en considération du long service par lui fait depuis » 37 années, de son vieil âge et de certains dommages » qu'il prétendait avoir soufferts à la poursuite des » affaires du pays. » Mais les États, en réglant cette somme, imposèrent à d'Urjac la condition de remettre en leurs mains son office de syndic devers le greffier, les papiers titres et documens qu'il avait en son pouvoir ; en même temps ils mandèrent Guillaume de Saint-Jehan, frère de feu Antoine, syndic coadjuteur et lui enjoignirent pareille remise quant aux titres et papiers. Ces dispositions furent exécutées, et lorsque trois jours après (le 17 décembre 1568) François d'Urjac, prébendier de l'Église cathédrale de Carcassonne et fils de Jacques, vint apporter à l'assemblée un acte du 15 reçu Filhion, notaire, par lequel son père se démettait purement et simplement de l'office de syndic, les États acceptèrent cette démission sans préjudice de leurs priviléges et autorité pour la création des syndics, et arrêtèrent immédiatement que la sénéchaussée de Carcassonne se réunirait pour élire un personnage capable, de bonnes vie et mœurs, et de religion apostolique et romaine.

Cette sénéchaussée se réunit, et son choix porta sur Guillaume de Saint-Jehan, docteur ès droits, avocat en la sénéchaussée de Carcassonne, père du feu syndic coad-

juteur. Le lendemain (18 décembre) notification de ce
choix fut faite aux États par l'évêque de Mirepoix, qui,
en cette qualité, avait présidé l'assemblée de la sénéchaussée et qui, à défaut des archevêques de Narbonne
et de Toulouse, présidait l'assemblée générale des
États ; ce prélat expose en même temps que par Arnaud
de Russon, premier consul de Carcassonne, avaient été
produits certains actes, d'après lesquels Guillaume de
Saint-Jehan serait prévenu d'hérésie devant l'inquisi-
teur de la foi et aurait été emprisonné à Toulouse ;
mais il ajoute que ces actes avaient été débattus et re-
poussés, et conclut en faveur de Guillaume de Saint-
Jehan, que le sénéchal de Carcassonne appuie aussi de
son suffrage. Les États n'agréent point le choix de la
sénéchaussée ; en vain l'évêque de Mirepoix insiste, ils
refusent itérativement encore et n'accordent pas même
un délai demandé pour que Guillaume de Saint-Jehan
pût présenter sa justification. Enfin, lorsque le sénéchal de Carcassonne leur remontre que Pierre Dufaur,
concurrent de Guillaume de Saint-Jehan et neveu d'Arnaud de Russon, qui le présente, se trouve gendre et
beau-frère d'Antoine et de François Ribes condamnés
et exécutés en effigie comme hérétiques et séditieux ;
ils ne se rendent ni à cette objection, ni aux nouvelles
instances qui leur sont faites et délibèrent : « que la
» sénéchaussée de Carcassonne se pourra rassembler
» par tout le lendemain pour eslire autre personne
» non suspecte, et à faute de ce faire, les États nom-
» meront. »

Le lundi 20 décembre, l'évêque de Mirepoix déclare

que la sénéchaussée de Carcassonne ne veut procéder à aucune autre nomination sans qu'au préalable le syndic élu par elle ait été admis à se justifier, et il réclame de nouveau encore un délai pour cette justification. Les États rappelant leur délibération précédente, et considérant que, d'après le rapport d'Arnaud de Russon, premier consul de Carcassonne, maître Pierre Dufaur, docteur ès droits, avocat au siége présidial avait été nommé par une partie de la sénéchaussée ; de telle sorte que Guillaume de Saint-Jehan ne l'emportait sur lui que d'une voix ; considérant aussi que Pierre Dufaur avait été deux fois premier consul de Carcassonne et plusieurs fois syndic de la ville, ils le créent et instituent syndic *général* du pays de Carcassonne.

20 décembre 1568.

Pierre Dufaur qu'ils avaient mandé venir, est introduit au même instant, et après qu'il a prêté serment entre les mains de l'évêque d'Aleth sur le refus de l'évêque de Mirepoix, président des États qui proteste, on se hâte de le mettre en possession de son office. Mais cette possession fut bientôt troublée ; de Saint-Jehan prend Dufaur à partie, et un appel *comme d'abus* qu'il interjette, porte le débat au conseil privé du roi ; les États délibérèrent sur cette instance le dimanche 6 novembre 1569 (ils étaient réunis à Carcassonne), se réfèrent à leurs précédentes conclusions et arrêtent : « de » supplier le roi de déclarer qu'il n'entend empêcher » que par le pays ne soit pourvu aux offices de syndic » lorsqu'il plaira aux gens des trois estats, et qu'il » leur semblera devoir ainsi être fait par les raisons » occurrentes, vu mêmement qu'il n'y a aucun estat de

» syndic du dit pays qui soit perpétuel et qui ne soit
» muable, jaçait que le dit pays n'aie accoustumé d'en
» changer lorsqu'ils font leur devoir. » Cependant,
l'instance est poursuivie, un arrêt du grand conseil,
rendu le 22 mars 1570 prononce en faveur de Saint-
Jehan, qui, le 7 novembre suivant, le notifie aux États
rassemblés en la ville de Beaucaire. Les États n'en confirment pas moins leurs précédentes délibérations,
seulement ils déclarent : « ne vouloir préjudicier pour
» l'avenir au droit de nomination de la sénéchaussée
» de Carcassonne ou bien prétendre que Guillaume de
» Saint-Jehan ne fut habile et capable pour être em-
» ployé et promu en estat et office. » L'année suivante
(1571) les États se tenaient à Montpellier et Guillaume
de Saint-Jehan y entrait comme premier consul · de
Carcassonne, il renouvelle ses tentatives et obtient de
la sénéchaussée de Carcassonne une seconde nomination en qualité de syndic; rapport en est fait aux États,
qui répondent n'être pas assez au complet pour y pourvoir. Ce n'était plus se défendre, c'était retarder l'évé-
nement, de Saint-Jehan n'en mit que plus de vivacité
dans ses poursuites; l'année suivante (1572), il accourt
à Béziers où les États étaient convoqués, et dès le jour
de leur ouverture (le 9 septembre) présente des lettres
de commission du grand sceau données à Paris le
8 août précédent. Ces lettres portaient ordre à la sénéchaussée de Carcassonne de procéder à une nouvelle
élection, soit en faveur de Saint-Jehan, Dufaur, ou
autre; et à défaut par les États d'admettre l'élu, sinon
qu'il se trouve juste et raisonnable cause autre que

celles qui ont été opposées à de Saint-Jehan, et enjoignant aux commissaires du roi de recevoir cet élu et de l'installer. Le même jour (6 décembre) la sénéchaussée de Carcassonne se réunit, et son choix étant de nouveau favorable à de Saint-Jehan, il est enfin admis le lendemain dans l'assemblée. Six jours après une délibération des États accorde la somme de 200 écus à Pierre Dufaur en considération des services qu'il a rendus au pays pendant quatre années d'exercice de la charge de syndic. Ainsi se termina une lutte que les États avaient engagée avec trop de précipitation et confiance; les assemblées les plus modérées ne sont pas exemptes d'entraînement et se portent volontiers à envahir. On peut croire que le corps des États cherchait les occasions de nommer directement les syndics à l'exclusion des sénéchaussées, et que le succès obtenu en 1555 dans une semblable entreprise (voir plus haut le débat entre Durant et du Cèdre) fut un souvenir dangereux qui égara sa prudence; du reste, le sage emploi de l'autorité royale vint régler cet abus de pouvoir même pour l'avenir, car on ne verra plus un tel conflit se produire.

1572.

Guillaume de Saint-Jehan (20) installé le 10 septembre, survécut peu à son triomphe, et trois ans après (le 26 décembre 1575), son office étant vacant par décès, la sénéchaussée de Carcassonne lui donnait pour successeur ce même Pierre Dufaur, si longtemps son adversaire « lequel Pierre Dufaur, disait-elle, docteur » es droits, avocat du dit Carcassonne, a été pourvu » autrefois du dit office dont il n'aurait été démis

» par aucung crime ni forfaiture. » Par délibération
du même jour l'assemblée des États, qui se tenait à
Carcassonne, approuva cette élection, et Dufaur se vit
installé pour la seconde fois. Le procès-verbal le qualifie à ce moment syndic et procureur général du pays ;
le 3 janvier suivant (1576) les mêmes États, pour reconnaître les bons offices de Guillaume de Saint-Jehan
jadis syndic, accordèrent une somme de 400 livres à sa
veuve et à ses enfants.

Pierre Dufaur ainsi rétabli dans ses fonctions de
syndic fut immédiatement député à la Cour (délibération du 5 janvier 1576). Son nouvel exercice se prolongea jusqu'en 1581. C'est entre lui et Étienne de Vignials
qu'aux États ouverts à Carcassonne et le 4 décembre
1579 survint le différend que nous avons déjà mentionné. On sait que Vignials élevait la prétention de
prendre rang sur ses collègues en sa qualité de syndic
de la sénéchaussée de Toulouse. Dufaur soutenait que :
« Comme plus anciennement reçu en l'état de syndic,
» il devait précéder Vignials, ajoutant que de sa part
» il déférait l'honneur à Pierre de la Motte, syndic du
» pays en la sénéchaussée de Beaucaire et Nismes pour
» avoir été reçu devant lui. » On sait aussi que les
États décidèrent en faveur de Dufaur (21). Ce fut le
16 décembre 1581 et Dufaur étant décédé, que la sénéchaussée de Carcassonne élut et que les États admirent
un nouveau syndic en la personne de Pierre de Bardichon. Le 5 janvier suivant (1582) et en considération des
services de Dufaur, les mêmes États (ils se tenaient à Béziers) accordèrent une somme de cent écus à ses enfants.

1575.

Pierre de Bardichon, élu et admis le 26 décembre
1582 (22), est qualifié à cette occasion « docteur ez
» droits, avocat au siége présidial de Carcassonne. »
Dès l'année suivante (1582) et par délibération du
11 octobre, il fut député à la Cour. Les États, par délibération du 13 juillet 1585 prise à Béziers (*voir* le
t. VI, p. 2 des *Lois Municipales de Languedoc*), le constituèrent un de leurs commissaires à l'effet d'empêcher la vérification d'une provision qui augmentait les
remises du receveur du diocèse. Il est mentionné
concurremment avec les autres syndics généraux, ses
collègues, aux articles accordés à Pézénas, le 20 novembre 1610 pour la levée des deniers extraordinaires
dans les vingt-deux diocèses de Languedoc (*Lois Municipales*, t. VI, p. 48) et aux articles accordés à Beaucaire le 20 novembre 1612 pour la ferme des gabelles
de la province. Plusieurs pièces originales que j'ai eues
sous les yeux, notamment deux reçus des années 1620
et 1625, prouvent qu'il signait : « de Bardichon du
» Pont. » C'est sous l'appellation de Pierre de Bardichon du Pont et avec la qualité de syndic général qu'il
prend part aux articles accordés à Béziers les 29 et
30 novembre 1634, touchant le recouvrement des deniers de la province (*Lois Municipales du Languedoc*,
t. VI, p, 87 et suiv.). La mort le surprit pendant la
tenue des États de 1638 qui étaient rassemblés à Carcassonne, lieu de sa résidence ordinaire. « Du lundi
» 29 novembre, à dix heures du matin, porte le procès-
» verbal, les gens des trois états sont allés au convoy
» et obsèques de M. de Bardichon, leur syndic, qui

» ont été faicts en l'église des Carmes, avec grand re-
» gret de la perte de leur officier. » Il comptait à cette
époque 57 ans d'exercice ; du reste, on a lieu de croire
qu'il avait depuis quelque temps pour adjoint et survivancier :

Jean de Bardichon, qui fut son successeur (23) et qui   1638.
était probablement son fils puisqu'il signait aussi : *de
Bardichon du Pont.* Il est rappelé avec le prénom de
Jean et la qualité de syndic général dans des conditions et articles accordés les 25 et 30 septembre 1641,
pour remboursements d'offices (*voir* le t. VII, p. 25 et
suiv. des *Lois Municipales de Languedoc*). C'est à lui
que s'applique un jugement de maintenue de noblesse
rendu par M. de Bézons, intendant de Languedoc, le
13 octobre 1668 pour noble Jean de Bardichon, seigneur de la Caunette, syndic général de la province de
Languedoc : mais à cette date, et déjà depuis vingt ans,
Jean de Bardichon avait cessé les fonctions du syndicat. On les trouve effectivement exercées dès l'an 1648
par :

Noble Pierre de Roux, seigneur de Montbel (24),   1648.
fils de Messire Antoine de Roux, président du présidial et juge mage en la sénéchaussée de Carcassonne
et Béziers, et de dame Françoise Potier de la Terrasse.
C'est ainsi qu'il est dénommé au *Recueil des Titres et
Blasons des États de Languedoc,* publié par Béjard en
1655. L'*Armorial des États de Languedoc,* gravé et
recueilli par Beaudeau (1686), le rappelle avec les
mêmes prénoms et qualités. Son exercice se prolongea
longtemps encore, et il paraît que son âge ne se refu-

sait point aux fatigues de la députation à la cour puisqu'on le trouve honoré de cette mission pour l'année
1703, c'est-à-dire après environ 55 années de syndicat.
L'année suivante, étant toujours en charge, il mourut
à Montpellier pendant la tenue des États. C'était au
mois de décembre 1704, une délibération régla le cérémonial de ses obsèques, et l'assemblée tout entière
marchant par ordre, alla jeter de l'eau bénite sur son
corps. Une autre délibération prise dans le courant du
même mois en rappelant les *mérites distingués* de ce
syndic, accorda une somme de 15,000 livres à son fils.
Ce fils était :

1704. Noble François-Anne de Roux-Potier, seigneur de
la Terrasse (25), ainsi qualifié dans *l'Armorial* de 1686,
où il est inscrit comme syndic général à la survivance
de Pierre de Roux-Montbel, son père. Mais à peine devenu titulaire, M. de Roux-Potier donna sa démission.
Une délibération des États du mois de février 1705 admit en sa place Jean-Antoine Duvidal de Montferrier,
qui venait d'être élu par la sénéchaussée de Carcassonne.

1705. Jean-Antoine Duvidal, seigneur de Montferrier et de
Baillarguet, fils de Messire Antoine Duvidal, aussi seigneur de Montferrier et de Baillarguet et conseiller en
la Cour des comptes, aydes et finances de Montpellier,
exerçait lui-même un office de conseiller en cette Cour
lorsqu'il sollicita et obtint la charge de syndic général.
Il se démit alors de l'office de conseiller, qui était incompatible avec le syndicat, mais plus tard ayant demandé des lettres de conseiller vétéran honoraire, il

·voulut faire compter pour le temps de service exigé les années d'exercice de ses fonctions de syndic général, et cette prétention vainement repoussée par la Cour des comptes, aydes et finances, fut solennellement accueillie par l'autorité royale, ainsi qu'il résulte des lettres patentes insérées au tome Ier des *Lois Municipales du Languedoc*. Jean-Antoine Duvidal réunissait donc les titres de conseiller honoraire en la Cour des comptes et de syndic général en exercice. Du reste, la succession de cette dernière charge avait été accordée en 1707 à son fils qui va suivre. Marié le 9 janvier 1689 à Marie-Anne de Fournas de la Brosse, Jean-Antoine Duvidal eut entre autres enfants : François Duvidal de Baillarguet, admis aux États de Languedoc le 17 décembre 1740 comme envoyé du baron de Rouairoux, et :

Jean-Antoine Duvidal, marquis de Montferrier, seigneur de Baillarguet et de Saint-Clément de Rivière, ainsi qualifié dans l'*Armorial des États de Languedoc* de Gastelier de la Tour, un vol. in-4°, 1747, admis en survivance de son père par délibération du 15 janvier 1707. Il entra en possession de la charge de syndic général lors de la mort de son père en février 1733 et l'exerça jusqu'au 6 février 1786, date de la démission qu'il donna en faveur de son fils, lequel avait été admis syndic général en survivance dès le 31 décembre 1767. On ne peut mieux apprécier le long exercice de cet officier qu'en rapportant la délibération prise le 7 février 1786 par les États de Languedoc au moment où il quittait sa charge. Ce fut en 1763 et à l'occasion

1733.

du don fait au roi, par les États, d'un vaisseau de cent canons que la terre de Montferrier fut érigée en marquisat pour Jean-Antoine Duvidal (26), qui mourut en 1786. Il n'avait eu de dame Vassal, sa femme, qu'une fille : Rose, mariée à Jean-Louis de Chanaleilles, comte de la Saumès, qui fit des preuves aux États le 29 novembre 1777 comme envoyé du baron de Castelnau d'Estrefonds, et un fils :

Jean-Jacques-Philippe Duvidal, marquis de Montferrier, ainsi dénommé en l'*Armorial des États du Languedoc* de 1767, où il est inscrit comme syndic général en survivance, reçu le 31 décembre de la même année. Titulaire le 6 février 1786 par la démission de son père, il vit à son tour sa démission acceptée par les États le 21 février 1789. Les États ne lui donnèrent pas de successeur, mais arrêtèrent que jusqu'à ce qu'il eût été autrement pourvu, le travail du département de la sénéchaussée de Carcassonne serait réuni à celui de la sénéchaussée de Toulouse avec transport au sieur de Puymaurin, syndic général en cette dernière sénéchaussée, de tous pouvoirs, mandats, fonctions, etc., comme aussi pleine et entière liberté au sieur de Puymaurin de se faire aider et suppléer ainsi et par qui il avisera pour le travail que l'un ou l'autre de ces départements pourra exiger. M. de Puymaurin usa de cette faculté par la procuration qu'il donna à Pierre-Louis de Carrière, secrétaire des États (*voir* à l'article des secrétaires greffiers). Jean-Jacques-Marie Duvidal, marquis de Montferrier, est mort à Paris, le 18 novembre 1829, conseiller-maître en la Cour des Comptes.

CHAPITRE QUATRIÈME.

SECRÉTAIRES ET GREFFIERS EN LA SÉNÉCHAUSSÉE DE TOULOUSE (27).

Le procès-verbal des États de **1501** montre Guillaume Bertrand ou Bertrandi, revêtu de cette charge qu'il exerçait depuis environ vingt années comme l'indique un acte que nous retrouverons plus bas. Originaire et natif du Puy en Velay, il y habitait, ainsi que sa famille, à qui les États accordèrent toujours beaucoup de bienveillance. On voit par les procès-verbaux des années 1508, 1519, 1525 et autres, que Bertrand avait les grades de bachelier et licencié en chacun droit ; le procès-verbal de 1525 le montre de plus avec la qualité de « juge ordinaire pour le roi en la ville du Puy. » J'ai déjà cité la délibération des États de 1516, qui, après divers débats et conclusions au sujet de l'ambassade à envoyer devers le roi, ne s'accordèrent qu'en désignant Jehan de Vaulx et Guillaume Bertrand. Rien ne serait plus multiplié que le détail de toutes les députations, commissions particulières ou générales et autres marques de confiance que Bertrand recevait de l'assemblée ; il est d'ailleurs établi qu'à cette époque le secrétaire des États en était le principal agent.

Le procès-verbal de 1530, année où il fut député à la cour avec la triple qualité de licentié, de juge pour le roy de la ville du Puy et de secrétaire et greffier des États, se termine ainsi qu'il suit : Messeigneurs des » États, le 12 dit mois (décembre 1530), ont fait leur » greffier et secrétaire Jacques Bertrand, mon fils, » et le survivant de nous deux, comme conste a été » reçu et lettres expédiées par Mᵉ Estienne Leyrici, » greffier des États particuliers du Vivarais, dont » merci à Dieu et à mes dits seigneurs. » Mais l'admission de Jacques Bertrand n'eut lieu que huit ans plus tard, sans doute à cause de son âge, et Guillaume Bertrand continua d'exercer même après cette admission, puisque le procès-verbal de 1540 est encore revêtu de sa signature. Il laissa trois fils, Jacques et Guillaume, qui lui succédèrent, et Jean, juge mage du Puy qui recueillit la récompense des services de sa famille (voir aux secrétaires des États du département de Montpellier).

1538.   Jacques Bertrand, nommé le 12 décembre 1530, comme il a été dit plus haut, fut admis aux États ouverts à Alby le 8 octobre 1538, et le jour même de leur première séance. Guillaume son père était présent, et il fut fait de nouveau mention de la survivance accordée à l'un sur l'autre. En 1541, dans une délibération prise à Montpellier le 3 octobre, et qui règle entre autres dépenses les gages des divers officiers du pays, Jacques Bertrand est nommé *seul* pour la charge de secrétaire, ce qui prouve que Guillaume était alors décédé ou avait cessé tout exercice. Jacques se rendit comme son père très-utile à la province. « Du mercredi 3 décembre, porte un des procès-verbaux de » l'an 1544, Me Jacques Bertrand, greffier des États, » dit qu'il avait des affaires en la cour où il iroit le » caresme prochain, y feroit de séjour environ un an, » et offroit d'y suivre les affaires du pays, ce qui est » accepté. » « Du samedi 19 décembre, porte un des » procès-verbaux de l'an 1562, les États, attendu la né- » cessité et grande importance des affaires du pays, et » que pour la conduite d'yceux fut besoing de connois- » tre un homme de bonne suffisance et loyauté, ont, » d'un commun avis et sans discrépance, nommé, élu, » et député, Me Jacques Bertrand, juge du Puy, gref- » fier et secrétaire des États auxquel ont donné charge » pouvoir et mandement spécial de se présenter au » roy, notre sire, etc. »

Ainsi que l'indiquent les termes de cette délibération qui se rapporte aux premiers temps du règne de Charles IX, les circonstances devenaient critiques, et l'on en trouve d'autres traces dans le même procès-verbal, soit à l'occasion des mesures prises contre le syndic Robert le Blanc qui avait fait la cène à la manière de Genève, et participé à des actes séditieux et rebelles dans la ville de Nismes soit à propos d'un détail d'administration qui offre d'ailleurs quelque intérêt. Deux ans auparavant, aux États tenus à Beaucaire en 1560, « charge avoit été donnée à Jacques Bertrand de met- » tre dans deux ou trois livres ou volumes qui soient

» bien escripts en parchemin, tous les avis, conclusions
» et délibérations des États depuis l'an 1545, et iceux
» livres apporter aux prochains États pour après les
» mettre et garder dans les archives du pays estant au
» dit Montpellier; lesquels livres en parchemin les
» consuls de la dite ville de Montpellier présents et
» avenir seront tenus apporter en toutes convocations
» et assemblées des États comme ils ont de coutume
» d'apporter les autres livres anciens. » Jacques Bertrand s'étant conformé à cette disposition vint remettre
en 1562 les deux volumes demandés, mais, dit le procès-verbal dont nous nous occupons, il requit l'assemblée « de les faire garder en lieu sûr, ajoutant qu'il ne
» seroit sans danger de les rapporter à sa maison en
» la ville du Puy, laquelle est encore envyronnée des
» ennemis du roy; » et les États ne trouvant plus la
ville de Montpellier hors d'atteinte, arrêtèrent : « que
» durant nos troubles les consuls de la ville de Car-
» cassonne (l'assemblée s'y tenait alors) auront garde
» des dits livres du pays, lesquels ils seront tenus
» apporter en toutes convocations. » Ainsi que son
père, Jacques Bertrand réunit les fonctions de juge
royal du Puy à la charge de secrétaire des États, il y
joignit même temporairement les fonctions de premier
consul de la ville du Puy, ainsi que le témoigne le procès-verbal de 1552. J'ai rapporté plus haut la délibération que l'assemblée prit en 1534 lorsque l'exercice
simultané de semblables offices parut incompatible d'a-
près les dispositions d'un édit du roi, et les considérations qui déterminèrent les États à ne pas se priver de

deux de leurs officiers (Jacques Bertrand et Robert le
Blanc). Cette faveur fut tellement personnelle à l'un et
à l'autre, qu'en 1558 Raulin du Mois voulant s'en prévaloir pour posséder ensemble l'office de trésorier de
la bourse qu'il tenait des États, et celui de receveur
général des finances qu'il tenait du roi, les États lui
interdirent l'entrée de leurs séances et déclarèrent
qu'il n'y aurait d'exception que celle qu'ils avaient
accordée en 1554 à le Blanc et à Bertrand. Aux États
tenus à Béziers en 1561, Jacques Bertrand requit que
Guillaume Bertrand, son frère, fût nommé son adjoint
et successeur en l'office de secrétaire des États, mais à
la condition par le dit Guillaume de bailler le dit office
à un fils de Jacques lorsque celui-ci en aura qui suffi-
sent à l'emploi et soient agréables à l'assemblée. Cette
requête et ces conditions furent admises; en conséquence, sous la date du 26 novembre, des provisions
furent délivrées à Guillaume Bertrand, elles sont trans-
crites en entier dans le procès-verbal, et rappellent
que les services de Jacques Bertrand et de Guillaume
remontent à quatre-vingts ans, c'est-à-dire vers l'an 1480.
C'est en 1564 qu'apparaissent les dernières traces de
l'exercice de Jacques Bertrand ; il assistait aux États réunis à Beaucaire et une délibération du mois d'octobre le
mit au nombre des députés qui porteraient au roi les doléances du pays lorsque S. M. (Charles IX) irait à Toloze
aux États suivants (1565) qui se tenaient au Saint-Esprit;
rien n'indique sa présence, et le procès-verbal mentionne
sous la date du dimanche 21 octobre un rapport fait
par « le jeune greffier des États, Guillaume Bertrand.»

1561.

Guillaume Bertrand nommé en 1561 secrétaire adjoint et survivancier, et dont l'exercice date du moins de l'an 1565, n'assista pas aux États réunis l'an 1575 dans la ville de Carcassonne, « et d'autant (porte le » procès-verbal sous la date du 26 octobre) que pour » l'occupation et empeschement des chemins, plu- » sieurs des députés et officiers du pays n'auroient » moyen de se trouver en cette assemblée singulière- » ment Me Guillaume Bertrand, greffier et secrétaire » des États, a été conclu qu'il étoit commis à Me Ma- » riet Daverano, syndic général du dit pays, de pour- » voir d'homme souffizant et capable pour retenir les » délibérations et faire toutes autres dépêches à ce re- » quises en l'absence du dit Bertrand, ce qu'il auroit » faict ; et a choisi Me Arnauld de Fieubet, notaire et » greffier du diocèse de Toulouse, qui auroit agréé en » l'assemblée. » Deux jours après cette délibération (le 28 octobre) se présenta Jean Boyer, notaire du Puy, avec une lettre de Guillaume Bertrand qui le faisait son substitut. L'assemblée ne voulut éloigner Fieubet, qui déjà avait commencé à retenir les délibérations, mais elle fit asseoir auprès de lui Jean Boyer en décidant qu'elle signerait les expéditions. Tout porte à croire que Guillaume Bertrand se rendit les années suivantes aux diverses sessions des États, même à celle de 1579 ouverte le 4 décembre à Carcassonne et qui fut si peu nombreuse ; l'ordre du clergé n'y comptait qu'un seul évêque et deux vicaires généraux, l'ordre de la noblesse un seul baron et quatre envoyés, et le tiers état n'était guère plus complet. Aussi, après avoir énergiquement

blâmé « ceux qui desnyoient l'aide et secours de leur
» pays naturel affligé d'infinies calamités » prit-on des
mesures pour prévenir un abandon, et l'assemblée
suivante, tenue également à Carcassonne (14 novembre 1580) offrit un plus grand concours, mais Guillaume Bertrand n'y étant venu « pour danger des che-
» mins et contagion de peste qui est au Puy, lieu de
» son habitation et ayant envoyé homme pour luy,»les
États commirent en sa présence Pierre Lefebvre, qui
signa le procès-verbal. L'année d'après (1581) aux États
ouverts à Béziers une somme de 100 écus fut accordée
à Guillaume Bertrand pour le dédommager, « de ce
» qu'aux derniers États tenus à Carcassonne, ne s'y
» étant pas trouvé, bien qu'il se fût mis en chemin,
» il ne lui avoit été ordonné que 30 écus pour tous ses
» gages et taxation de la dite année. » Aux États suivants (1582) réunis également à Béziers, une délibération du 11 octobre députa Guillaume Bertrand pour
porter à la cour le cahier des remontrances, et ce fut le
dernier acte de la dernière assemblée générale qu'ait
eue alors le Languedoc. En 1583 et 1584 aucune réunion des États ne fut convoquée, et en 1585 une sépa-
ration s'établit et on sait à quelle occasion. Deux gou-
verneurs, les ducs de Montmorency et de Joyeuse
avaient autorité sur la province, dans le conflit des attributions et des pouvoirs de ces deux chefs toujours
rivaux, toujours ennemis, les États se scindèrent : une
assemblée se réunit dans le gouvernement du duc de
Montmorency, une autre assemblée se forma dans le
gouvernement du duc de Joyeuse, et le cours de la ri-

vière d'Orb, près Narbonne, servant de limite aux deux gouvernements, circonscrivit aussi la juridiction des deux assemblées. Cette division des États qui se prolongea plus de dix années, nécessita l'institution d'un nouveau secrétaire. On lit au procès-verbal de l'assemblée ouverte le 3 mars 1586 en la ville de Carcassonne et à laquelle assistait le duc de Joyeuse : « M° Étienne » Vignials, syndic du pays, auroit présenté deux let- » tres que M° Guillaume Bertrand, greffier et secré- » taire des États écrivoit; contenant en somme l'ex- » trême regret et déplaisir qu'il avoit de ne se point » trouver en l'assemblée à cause de dangers et empes- » chemens éminens qui estoient sur les chemins, sup- » pliant la dite assemblée vouloir admettre la procura- » tion qu'il envoyoit à ces fins, et ayant le dit Vignials, » syndic, nommé à la dite assemblée M° Arnauld de » Fieubet, greffier du diocèse de Toulouse pour retenir » les actes et délibérations en l'absence de Bertrand, » comme il a faict autrefois; la dite assemblée l'a agréé, » lequel incontinent a prêté le serment en tel cas requis » et accoustumé ez mains du sieur évêque de Lodève, » président. » On peut conjecturer que Bertrand n'envoyait sa procuration que pour ne pas laisser infirmer son droit, et qu'appartenant du reste par le lieu de sa résidence au gouvernement du duc de Montmorency, il exerçait de préférence près de l'assemblée qui se réunissait dans l'étendue de ce gouvernement; mais l'assemblée réunie à Carcassonne et dont nous venons de citer le procès-verbal, sans vouloir porter une atteinte ouverte aux droits d'un officier du pays, droits établis par tant de délibérations, agréait dans de Fieubet un substitut à sa propre convenance et indiquait ses intentions en l'admettant à prêter serment. Ainsi se partagèrent les fonctions de cet office, et lorsque plus tard, sous l'autorité tutélaire d'Henri IV, il n'y eut plus en Languedoc qu'un seul gouverneur et une seule assemblée, les deux charges de secrétaire furent conservées dans la personne des titulaires existants, puis continuées avec affectation de l'une d'elles à chacune des deux généralités de Toulouse et de Montpellier.

SECRÉTAIRES AU DÉPARTEMENT DE TOULOUSE.

Arnaud de Fieubet, qui, comme il a été dit plus haut, prêta serment en 1586 (28), continua d'exercer dans l'étendue du gouvernement du duc de Joyeuse, qui, dit-on, appréciait beaucoup ses conseils et ses services. On peut en trouver la preuve dans la lettre suivante insérée au tome II des *Annales de Toulouse de la Faille*, page 88 des preuves. « Lettre du maréchal de Joyeuse » à Fieubet, greffier des États. Monsieur Fieubet, je » vous prie à toute diligence, mander tant de capitai- » nes que vous savez être dans ce diocèse qui amènent » à toute diligence tant de forces qu'il leur sera pos- » sible, et qu'ils se rendent au plus tôt à la porte Saint- » Étienne, espérant que lettre vûe, vous y apporterez » la diligence que la nécessité de l'affaire requiert. » Je ne feray plus longue la présente, priant que Dieu » vous donne longue vie. De Toulouse, ce dernier

1586

» septembre 1589. Votre affectionné amy : de Joyeuse.»
Les mêmes Annales de Toulouse, tome I, à la dédicace,
rapportent une anecdote qui ne peut guère être révo-
quée en doute et qui fait honneur à la franchise d'Arnaud de Fieubet, non moins qu'à ses sentiments
d'humanité. Cette même anecdote se retrouve dans la
Biographie toulousaine, 2 vol. in-8°, 1823, qui a consacré un article à Arnaud de Fieubet, dont par erreur
elle fait un magistrat. Rien n'indique qu'il ait eu
d'autres fonctions que celles de secrétaire des États;
il les remplit concurremment avec Simon d'Alméras
près de l'assemblée générale, lorsque toute division
d'autorité cessa en Languedoc. Décédé en 1599 d'après
cette même biographie, il s'était allié (*Dictionnaire de
la Noblesse* de la Chesnaye des Bois, tome VI) à Jeanne
de Madron, fille de Jean de Madron et de Germaine de
Baron. De ce mariage provinrent trois fils : Bernard,
qui succéda à son père comme secrétaire des États;
Gaspard, qui, dans une délibération du 20 novembre
1604, prise à Alby, est mentionné comme agent des
affaires du pays en cour, et Guillaume, qui mourut
premier président du parlement de Provence.

1599.	Bernard de Fieubet dut succéder à son père dès
1599, si cette date donnée à la mort d'Arnaud de
Fieubet est exacte. Chargé aux États de 1603 de ter-
miner un travail qui avait été recommandé « à feu
» Arnaud de Fieubet, vivant secrétaire des États, son
» père, » travail qui consistait dans la mise en ordre des
délibérations du pays depuis l'espace de cent ans; il
vint en justifier aux États de 1604, ouverts à Alby le

16 novembre. La même année, mais par délibération du 5 janvier prise à Carcassonne, il avait été envoyé en Rouergue à raison d'un procès élevé entre ce pays et la province. On le trouve en outre honoré de pluieurs missions de confiance, notamment en 1609, du soin de traiter d'un emprunt de la somme de 75,000 livres, et en 1621, de la députation à la cour. En 1626 et le 27 juillet aux États tenus à Béziers, il demanda que le sieur de Roguier son gendre, docteur et avocat en parlement, syndic du diocèse de Toulouse, et lequel « à » défaut d'enfant mâle lui tenoit lieu de fils » fût agréé comme secrétaire et greffier en survivance, rappelant à cette occasion que feu Arnaud de Fieubet, son père, et lui, avaient, depuis cinquante ou soixante ans, blanchi au service du pays sans jamais s'écarter de la fidélité et du zèle auxquels ils étaient obligés, et par naissance et par le caractère d'officiers de la province ; il s'autorisa même de services rendus par ses frères, le maître à la chambre aux deniers agent du pays, et l'avocat du roi au parlement de Toulouse, lesquels avec lui reconnnaissant les bienfaits qu'ils ont reçus en divers temps de cette assemblée, emploieront toujours pour elle leurs fortunes et leurs vies. Les États favorables à cette requête agréèrent le sieur de Roguier « comme étant de qualité et capacité requises, » et reçurent immédiatement son serment. Ils exhortèrent néanmoins Bernard de Fieubet à continuer sa charge sa vie durant et à se trouver annuellement aux États comme instruit des affaires du pays, mais il est probable qu'il ne put longtemps déférer à ce vœu.

1626.

François-Gabriel de Roguier (29), admis au serment le 27 juillet 1626, obtint, sous la date du 17 août, des provisions en forme qui furent enregistrées au greffe des États. Il était en exercice dès 1628, puisqu'une délibération prise à Toulouse le 19 juin de cette année, le mit au nombre des députés à la cour sous la qualité de greffier des États; semblable mission lui fut donnée le 15 décembre 1642 par les États tenus à Béziers. La mort le surprit en charge et probablement en 1647, car ce fut à cette époque qu'une somme de 9,000 livres, destinée à reconnaître ses services, fut accordée par les États à sa veuve; il eut pour successeur son fils.

1647.

Noble Jean-Jacques de Roguier, ainsi dénommé et qualifié au recueil des titres et blasons des États de Languedoc publié par Béjard en 1655. Ce même recueil porte la note suivante : « M. de Roguier a été » dans de très-nobles emplois et a passé par tous les » degrés honorables que les armes peuvent acquérir à » un homme de mérite. » D'où l'on doit conclure qu'avant de succéder à son père, Jean-Jacques de Roguier suivit la carrière militaire. Il n'acquit pas moins d'estime dans les fonctions de l'administration, ainsi que l'indiquent plusieurs marques de confiance et notamment trois députations à la cour dont les États l'honorèrent en 1649, 1669 et 1662. Sa mort survint les États tenants, et une note indique qu'il lui fut fait des obsèques solennelles dont le détail doit se trouver au procès-verbal de l'année. C'était pendant l'assemblée ouverte à Carcassonne le 19 octobre 1666, et qui ne se termina que le 17 mars 1667.

Jean de Mariotte, qui était déjà l'un des avocats de
la province au parlement de Toulouse, succéda à Jean-
Jacques de Roguier comme secrétaire des États. Installé le mercredi 16 février 1667, une délibération
du 4 mars suivant le comprit au nombre des députés à
la cour, mission qui lui fut encore confiée en 1673.
S'il faut en croire la biographie toulousaine, qui lui a
consacré un article, ainsi qu'à son fils et à l'un de ses
petits-fils, il était né à Toulouse le 1er avril 1620, et y
mourut le 28 juin 1700. D'après cette même biographie, M. de Mariotte appartenait à une ancienne famille originaire du Lyonnais, qui était venue s'établir
à Toulouse au commencement du seizième siècle ; sa
mère était Catherine d'Aurival, fille de Jean d'Aurival,
chevalier, descendant d'une des plus illustres' maisons
de Toulouse. De son mariage, contracté en 1650 avec
Marie de Montarnaud, Jean de Mariotte eut un fils
qui fut son successeur ; ce fils :

1667.

Noble Christophe de Mariotte, secrétaire et greffier
des États, ainsi dénommé et qualifié dans l'*Armorial*
de 1686, avait déjà été admis depuis plusieurs années,
puisque le procès-verbal de 1681 le montre en plein
exercice de la charge, et que le titre lui en est donné
en 1678 et 1679, années où les historiens de Toulouse
le mentionnent comme capitoul. C'est en cette qualité
de capitoul qu'il siégea aux États ouverts à Montpellier
le 17 décembre 1678, ainsi qu'il résulte d'articles signés par lui le 16 janvier 1679, et qui sont insérés au
tome 6 des lois municipales de Languedoc. Le procès-
verbal de 1685 fait connaître, sous la date du 12 dé-

1679.

cembre, une réclamation qu'il éleva de concert avec
Pierre de Guilleminet, son collègue, sur ce que depuis
l'an 1673 les secrétaires des États avaient été omis
dans les députations à la Cour (30). A propos de quoi
il fut délibéré qu'aux assemblées prochaines des commissaires seraient nommés pour examiner les titres
qu'indiquaient les réclamants (31). Christophe de Mariotte, que la biographie toulousaine fait naître le
14 juin 1651, et mourir le 30 octobre 1713, avait
épousé Béatrix d'Espagne, fille de noble Bernard d'Espagne, capitoul en 1652, et de Suzanne de Papus, dont
la mère était Bourguine de Carrière, fille de Christophe
de Carrière, écuyer, capitoul de Toulouse en 1608,
maître de l'artillerie de cette ville, et de Jacqueline de
Rochon. Il eut de ce mariage quatre filles et quatre
fils, dont l'aîné va suivre. De ces quatre filles, deux
furent religieuses, une troisième épousa M. de Boissy,
conseiller au parlement de Toulouse; l'autre, Hélène,
s'allia à Jean-Jacques de la Motte, seigneur de Beauzelle,
dont le petit-fils, Marie-Joseph de la Motte, entra aux
États en 1780 comme envoyé de la noblesse. Les quatre
fils furent : Jean, secrétaire des États; l'abbé de Mariotte, docteur de Sorbonne, conseiller de grande
chambre au parlement de Toulouse, vicaire général
du diocèse et chancelier de l'Université; Dom Mariotte,
chartreux, et Christophe de Mariotte, né le 21 octobre
1685, avocat de la province de Languedoc au parlement de Toulouse jusqu'en 1713, époque à laquelle il
fut reçu trésorier de France au bureau des finances de la
même ville. C'est aussi la même année qu'il fut admis

à l'Académie des Jeux floraux, où son éloge fut prononcé en 1748, date de sa mort. Il était fixé à Paris
depuis 1731, ainsi qu'Élisabeth de Pujol, sa femme,
veuve du comte du Muy, et dont il n'eut point de
postérité.

Noble Jean de Mariotte, ainsi dénommé et qualifié
dans l'*Armorial des États de* 1686, était, à cette époque, secrétaire et greffier en survivance, titre qui lui
avait été donné à l'âge de six ans par une délibération
du 11 janvier 1677, où l'on remarque ces paroles :
« Ce jeune survivancier promettant déjà beaucoup par
» les premiers brillants de son esprit. » La prestation
de serment et son installation eurent lieu le 13 novembre 1688, dans l'assemblée tenue à Nismes ; il avait
alors dix - huit ans , mais ce n'est que plus tard
qu'il dut prendre charge. Plus d'un monument nous
est resté de son application et de son zèle ; c'est par ses
soins que fut gravée en grand et en petit format
l'estampe qui représente l'assemblée des États de Languedoc. Il publia, en outre, sous le titre : « Mémoires
» concernant la forme des assemblées des États de
» Languedoc, » un in-4° de 31 pages d'impression,
aujourd'hui fort rare. Ce mémoire, sans nom d'imprimeur, porte une dédicace au duc du Maine, gouverneur de la province, signée : Mariotte, et datée de
Toulouse le 1er octobre 1704. Aux États tenus à Montpellier en 1734, une délibération du 31 janvier, après
avoir rappelé « que le mérite et la probité de Jean de
» Mariotte étoient généralement reconnus et qu'il con-
» tinuoit de rendre à la province les mêmes servi-

1686.

» ces que ses ancêtres qui ont exercé avec distinction
» les charges de secrétaire et greffier des États dont
» il est revêtu, » lui accorda une retenue sur cette
charge de la somme de 60,000 livres à lui payable par
son successeur. Mais ce ne fut point là que se bor-
nèrent les services de Jean de Mariotte et les récompenses des États: son exercice se prolongea jusqu'au
mois de décembre 1746, époque à laquelle il donna sa
démission, après avoir porté pendant soixante années
le titre de secrétaire des États, et l'assemblée reconnut
immédiatement ses services par une gratification de
24,000 livres. Rien n'indique, qu'il se fût marié, et
comme il survécut à Christophe, son frère, qui mourut sans enfants, il y a lieu de croire que sa famille
s'éteignit avec lui; les États lui donnèrent pour successeur :

1746.   Laurent Planchut de Saint-Laurent (32), qui fut installé au mois de décembre 1746. Il n'exerça que dix
années, car l'acte de sa démission est à la date du 4 décembre 1756; il fit remise de sa charge aux États le
7 du même mois. Les États lui accordèrent une pension de 2,000 livres et nommèrent à sa place :

1756.   Claude de Carrière, seigneur de Masmolène et de
Saint-Quintin (33), ainsi dénommé et qualifié en l'*Armorial des États de* 1767; il était fils de Joseph de
Carrière, seigneur de Masmolène et du Moulet, et de
Françoise d'Entraigues du Pin, et descendait au cin-
quième degré de Pierre de Carrière, capitoul de Toulouse
en 1581 et 1592, lequel député aux États y avait fait
maintenir, par une délibération du 1ᵉʳ octobre 1582,

que nous avons déjà citée, la préséance attribuée aux capitouls. On peut remarquer que Pierre de Carrière comptait au nombre de ses auteurs un autre Pierre de Carrière, capitoul en 1369 et 1389, et que sa famille, qui obtint vingt-trois fois cette magistrature, mit un soin particulier à en défendre et maintenir les priviléges. (Voyez *Annales de Toulouse*, par du Rozoi.)

Claude de Carrière fut admis comme secrétaire des États le 9 décembre 1756, il avait exercé précédemment de 1743 à 1753 la charge de premier avocat du roi au présidial de Nismes. J'ai déjà cité plus haut la délibération par laquelle les États de 1764 n'ayant pu le députer à la cour, lui en accordèrent le dédommagement, et cette disposition est sans doute un témoignage de l'estime et de l'affection qu'il s'était conciliées. Il en reçut de nouvelles preuves lorsque, ayant sollicité pour son fils l'adjonction et survivance de sa charge, une délibération du 21 novembre 1771 accueillit avec empressement sa demande. Vers la même époque, un procès qu'il avait intenté au garde-chasse de sa terre de Masmolène l'obligea à se prévaloir des droits de *committimus* et d'évocation dont jouissaient les officiers de la province. Comme un jugement de la chambre des eaux et forêts au parlement de Toulouse avait méconnu ces droits, Claude de Carrière se pourvut au Conseil d'État du roi; arrêt favorable intervint sous la date du 1er novembre 1777, et cet arrêt qui formait titre en faveur des officiers de la province, a été inséré au tome 1er, pages 445 et suivantes des lois municipales et économiques de Languedoc. Claude de Carrière avait

épousé en 1748, Louise Donnadieu, sœur de Pierre
Donnadieu, chapelain ordinaire de la Dauphine, sous-
précepteur du Dauphin, prieur et seigneur de Tornac,
abbé de Saint-Oyan du Moutier, vicaire général du
diocèse d'Alais. Il en eut : Pierre-Louis de Carrière, qui
lui succéda comme secrétaire des États, et Marie-Louise-
Victoire de Carrière, mariée en 1779 à Joseph-Henri
Dufesq, marquis de Sumêne, ancien mousquetaire de
la maison du roi, qui entra aux États de 1784, le
17 novembre, comme envoyé de la noblesse. Ce fut en
1776, après vingt ans d'exercice, que Claude de Carrière présenta et fit agréer sa démission. Les États, par
une délibération du 30 décembre qui exprime leur reconnaissance de ses services, lui accordèrent une pension de 2,000 livres, et l'exercice de sa charge appartint en entier à son fils.

1771.   Pierre-Louis de Carrière, né le 11 février 1751 (34)
et que nous avons vu admis à l'adjonction et survivance dès le 21 novembre 1771, c'est-à-dire avant
l'âge de 21 ans. En 1781, d'après l'autorisation des
États, il devint secrétaire au département de Montpellier par permutation avec M. de Bésaucèle, que l'assemblée venait de nommer à cette charge et qui pour
des convenances particulières préférait le département
de Toulouse. Nous retrouverons Pierre-Louis de Carrière au chapitre des secrétaires au département de
Montpellier.

1781.   Jean-François de Bésaucèle, qui lui succéda dans le
département de Toulouse, avait été capitoul de cette
ville en 1773. Il comptait 24 ans d'exercice comme

syndic du diocèse de Carcassonne et 14 ans comme
syndic du diocèse de Toulouse, lorsque les États lui
conférèrent ce secrétariat. Ce fut la récompense accordée à l'un des fonctionnaires les plus utiles et les plus
laborieux de la province. On l'avait vu occuper à la
fois la charge de lieutenant particulier au présidial de
Carcassonne; le syndicat du diocèse et les fonctions de
lieutenant de maire de la ville; aussi tant de soins et
de services joints à de longues années avaient-ils altéré
ses forces, et lorsqu'en 1789 la gravité des circonstances imposait de nouvelles obligations aux officiers
de la province, il réclama et trouva les secours les plus
actifs dans le zèle de son collègue. « Ma vieillesse
(écrivait-il à Pierre-Louis de Carrière) sollicite encore
» cette grâce de votre jeunesse. »

SECRÉTAIRES DES ÉTATS AU DÉPARTEMENT DE MONTPELLIER.

Guillaume Bertrand, qui avant 1586 occupait sans
partage la charge de secrétaire des États et qui, à cette
époque où les États se scindèrent, dut continuer d'exercer près de l'assemblée qui se réunissait dans l'étendue
du gouvernement du duc de Montmorency, mourut en
l'année 1589, et ne fut pas immédiatement remplacé;
seulement une délibération prise le 29 septembre de la
même année, en la ville de Béziers, autorisa son frère
Jean Bertrand, juge mage du Puy, à présenter aux
États prochains Claude Bertrand, son fils, pour être reçu
en la charge de secrétaire, s'il était agréé par l'assem-

blée. Jean Bertrand à son départ de Béziers fut fait
prisonnier, et comme il portait les papiers du greffe
qu'il avait recouvrés (c'est ainsi qu'il s'exprime dans
une requête que nous mentionnerons plus bas), le prix
de sa rançon en fut augmenté de 1,500 écus. L'année
suivante il n'amena pas son fils aux États et ne fit parvenir, sans doute, ni excuses ni explication, car en 1591
une délibération de l'assemblée qui se tenait à Pézenas
lui enjoignit de remettre *tous et chacuns* les papiers
qui intéressaient le pays. Vers le même temps l'exercice de sa charge de secrétaire fut confié à :

1591.   Simon d'Alméras, lieutenant du viguier de Bagnols
au diocèse d'Uzès ; mais sous la condition ainsi qu'il en
avait lui-même fait l'offre, de remettre cette charge à
la libre disposition des États, lorsque Jean Bertrand,
satisfaisant aux décisions de l'assemblée, aurait fait
agréer son fils et remis les papiers restés en sa possession. En 1595, quatre ans s'étant écoulés sans que ces
décisions fussent exécutées, Simon d'Alméras présenta
requête aux États rassemblés à Béziers, les suppliant
de le décharger ou de ses fonctions ou de la condition
à laquelle il les exerçait, prétendant, comme porte sa
requête présentée le 15 mars, « n'être de qualité ni de
» condition de servir pour aultruy, » ajoutant : « que si
» la charge lui étoit donnée purement, il la feroit libé-
» ralement, comme serviteur très-humble du pays, et
» dans l'espoir d'y voir un jour un de ses enfants au
» consentement des États, en tenant exprès trois d'i-
» ceulx aux colléges à grands dépens, afin qu'il s'en
» rencontrât un digne dudit office et d'être agréé par

» le pays. » Les États accueillirent cette demande, et
d'Alméras, nommé purement et simplement secrétaire
et greffier, fut admis à une nouvelle prestation de serment. Cette nomination provoqua enfin quelques démarches de la part de Jean Bertrand, car aux États
suivants qui se tenaient encore à Béziers, rapport fut
fait d'une requête où il offrait de présenter son fils,
s'excusant de ne l'avoir fait plus tôt, « sur ce que la
» ville du Puy avoit tenu le parti contraire jusqu'au
» 5 avril précédent, jour où il avoit fait crier « Vive le
» Roy. » D'Alméras reproduisit en réponse les circonstances qui lui étaient favorables, ajoutant que : « néan-
» moins il ne voudroit servir le greffe que du gré et du
» bon plaisir des États ; » et en même temps il sortit
de l'assemblée. Délibération fut immédiatement prise,
de Bardichon, syndic tenant la plume, et d'Alméras,
unanimement confirmé dans la charge de secrétaire (35).
Son exercice qui continua dès lors sans autre trouble,
fut honoré des marques de la plus entière confiance.
On lit dans le procès-verbal d'une assemblée tenue au
mois de juillet 1597 à Pézenas, que le duc de Ventadour
qui commandait sous l'autorité du duc de Montmo-
renci, ayant fait notamment à la prise d'Amiens par les
Espagnols, une demande de subsides extraordinaires,
les États votèrent 10,000 écus qu'ils chargèrent leur
secrétaire Alméras de lever et faire porter au roi, ajoutant que cette somme ne serait payée qu'ès mains même
de Sa Majesté, ou dans Paris à la personne que Sa Majesté désignerait de sa propre bouche en parlant au
sieur d'Alméras ou au sieur de Bardichon, syndic, qui

se trouvait alors en cour. Le procès-verbal d'une assemblée tenue au mois d'août 1605, au Saint-Esprit, désigne aussi d'Alméras au nombre des officiers de la province chargés de traiter pour l'emprunt d'une somme de 75,000 livres accordée à titre de subside extraordinaire, sur la demande du même duc de Ventadour. On le voit dans les procès-verbaux suivants, notamment dans ceux des années 1612 et 1613, chargé de diverses missions particulières, et de la députation à la cour. Simon d'Alméras avait épousé Catherine de Nicolaï, fille de François de Nicolaï, baron de Sabran, et de Marguerite de Bellecombe, dame de Cavillargues. De ce mariage provint : Guillaume d'Alméras reçu secrétaire des États à la survivance de son père et en cette qualité député, par délibération des États du 30 janvier 1610, auprès du parlement de Toulouse, pour certaines négociations ; mais Guillaume d'Alméras ne succéda pas à Simon son père, qui donna sa démission en 1624 ; une somme de 9,000 livres lui fut alors accordée par les États en reconnaissance de ses services.

1624.

Jacques d'Azam fut son successeur ; il avait été syndic du diocèse d'Alet, et admis en cette qualité aux États ouverts à Pézenas le 31 décembre 1615. Plus tard il avait eu la charge de viguier de Limoux, et, devenu le 19 avril 1624 secrétaire des États, il obtint d'eux, sous la date du 10 mai 1625, une dispense tant pour tenir conjointement l'un et l'autre office que pour continuer sa résidence à Limoux. D'Azam fut député vers le roi la même année, puisque le procès-

verbal de l'assemblée ouverte à Pézenas le **15** juillet
1826 contient le rapport suivant : « Le sieur d'Azam,
» l'un des greffiers du pays, étant allé en cour et se
» trouvant surpris d'une maladie qui l'empêche de
» pouvoir se rendre en cette assemblée, la supplie avoir
» agréable que **M.** David d'Azam, son frère, exerce la
» charge pour lui, lequel a présenté la lettre que ledit
» sieur d'Azam écrit à ce sujet. » Sur quoi il fut arrêté que, *sans conséquence*, ledit sieur David d'Azam
aurait entrée aux États pour son frère. Les procès-
verbaux des assemblées tenues depuis le **31** décembre
1631 jusqu'au **21** novembre **1635** montrent, en outre,
d'Azam chargé quatre fois de la députation à la cour.
Son office de secrétaire, devenu vacant par mort ou
démission, fut accordé en **1637** à :

Pierre de Guilleminet, qui était greffier pour le roi **1637.**
aux États de Languedoc (36). Cet office, qu'il exerçait
depuis **1615**, et dans lequel il avait succédé à Pierre et
autre Pierre de Guilleminet, ses père et aïeuls, pourvus, l'un en **1559**, l'autre en **1599**, était incompatible
avec la charge de secrétaire des États ; aussi le résigna-
t-il, par acte du 6 novembre **1637**, en faveur d'Étienne
de Guilleminet, son frère aîné. Pierre de Guilleminet, qui avait pour père et mère autre Pierre de Guilleminet, greffier pour le roi aux États de Languedoc,
et demoiselle marquise de Bernard, était frère de demoiselle Jeanne de Guilleminet, alliée, en **1600**, à
Isaac de Joubert, d'où provint Pierre-Baptiste de Joubert, reçu, en **1642**, syndic général de la province de
Languedoc (voir plus haut au chapitre de la sénéchaus-

séc de Carcassonne). Marié à Catherine du Mois, de la
même famille que les trésoriers de ce nom, dont nous
ferons mention par la suite, il en eut Pierre de Guilleminet, qui va suivre, puisqu'il succéda à son père
dans la charge de secrétaire des États.

Noble Pierre de Guilleminet, ainsi dénommé et
qualifié dans les deux *Armoriaux des États de Languedoc* des années 1655 et 1686, avait été reçu, le
9 septembre 1649, secrétaire des États à la survivance
de son père, et exerçait alors une charge de conseiller
au siége présidial de Montpellier, qu'il abandonna
lorsque le décès de son père l'appela au greffe des
États. Pierre de Guilleminet, honoré comme son père
et plusieurs fois de la députation à la cour et d'autres
missions de confiance, s'acquit beaucoup d'estime
dans l'exercice de sa charge. On peut citer, entre autres preuves, les lettres-patentes qu'il obtint du roi
Louis XIV pour maintenue de noblesse. Elles furent
accordées à l'occasion de la recherche qui se poursui-
vait en Languedoc, et motivées ainsi qu'il suit : « Étant
» non-seulement de notoriété publique que Pierre de
» Guilleminet et ses prédécesseurs ont toujours vécu
» noblement, mais encore que la qualité *d'écuyer* et
» de *noble* leur est due par les longs services qu'ils
» ont rendus à nos prédécesseurs et à nous dans
» l'exercice de leurs charges (celles de greffier pour le
» roi aux États et de secrétaire et greffier des États) ;
» désirant favorablement traiter le dit Pierre de Guil-
» leminet, et lui témoigner l'estime que nous faisons
» de sa personne, nous avons le dit de Guilleminet.

» ensemble ses successeurs, enfans, postérité et lignée
» née et à naître en légitime mariage, maintenus,
» gardés et conservés; maintenons, gardons et con-
» servons par ces présentes signées de notre main, en
» la dite qualité de noble et d'écuyer à eux acquise
» par le droit de leur naissance. » Pierre de Guilleminet eut au moins deux fils ; le puîné, capitaine général des côtes et chevalier de Saint-Louis, fut admis
aux États de Languedoc le 23 novembre 1709, comme
envoyé de la noblesse pour la baronnie de Rieux ; l'aîné,
Étienne-Joseph, reçu en 1669 secrétaire des États à la
survivance de son père et inscrit en cette qualité en
l'*Armorial des États* de 1686, mais sous un seul de
ses prénoms (Noble Joseph de Guilleminet), mourut
jeune et probablement en 1699 ; c'est du moins à cette
époque, et par délibération du 10 décembre prise à
Montpellier, que la survivance qui lui avait été accordée et dont il n'avait pas joui, fut transmise à Pierre-
François de Guilleminet, l'aîné de ses fils. Les États
accordèrent cette grâce aux sollicitations et aux longs
services de son aïeul Pierre de Guilleminet, leur secrétaire depuis plus de cinquante années ; le jeune survivancier n'avait pas plus de neuf ans.

Pierre-François de Guilleminet, reçu, comme nous 1699.
venons de le dire, à la survivance de son aïeul, fut
installé dans la charge de secrétaire des États le 11 février 1705, n'ayant pas accompli sa seizième année
et son aïeul vivant encore. Mais l'âge et les infirmités
de ce dernier le pressaient de se retirer, et il supplia
les États d'avancer de deux ou trois ans l'époque où

son petit-fils entrerait en exercice, afin, disait-il, de voir effectuer la seule chose qui lui restât à souhaiter. Ce vœu d'un octogénaire fut accueilli par les États, ainsi que l'offre qui leur était faite d'autoriser le sieur Castaing à assister le jeune secrétaire jusqu'à ce que celui-ci eût acquis l'expérience convenable. Le sieur Castaing avait été plusieurs fois député à l'assemblée et jouissait de sa bienveillance. Pierre-François de Guilleminet, ainsi guidé et soutenu, prit charge et exerça jusqu'en 1741. C'est en sa faveur que fut institué le premier brevet de retenue; il en fit la demande aux États rassemblés à Montpellier en 1773, et par délibération du 3 février, qui rappelle dans les termes les plus honorables ses services et ceux de ses ancêtres. Une somme de 60,000 livres lui fut accordée sur la charge de secrétaire pour lui être payée ou ses ayants cause, par son successeur en ladite charge, lequel n'y pourrait être reçu qu'après avoir satisfait à ce payement et en avoir rapporté quittance valable. Ce mode de récompense, qui ne coûtait rien à la province et donnait plus de stabilité et d'importance à ses officiers, s'étendit dès l'année suivante à MM. de Montferrier, syndic général, et de Mariotte, secrétaire; puis, en 1735, à M. de Joubert, syndic général; puis, en 1741, à M. de la Fage, syndic général, et devint ainsi une mesure habituelle et uniforme.

Pierre-François de Guilleminet donna sa démission pure et simple, par acte du 30 janvier 1741, devant Bellonnet, notaire, et le lendemain les États lui assignèrent une pension de 2,000 livres, payable d'année en année, par avance ; ils joignirent à cette libéralité l'expression de leurs regrets, et, par une dernière marque de bienveillance, ne voulurent donner à Pierre-François de Guilleminet d'autre successeur que son propre frère.

Paul-Étienne de Guilleminet, lequel ayant justifié qu'il était d'accord avec son frère pour la retenue de 60,000 livres, fut nommé par délibération du 3 février 1741. Les États lui accordèrent en même temps semblable retenue de 60,000 livres à l'égard de son successeur. Il fit, en 1752, partie de la députation à la cour, présidée par l'archevêque de Narbonne. Son exercice ne prit fin que par sa mort, survenue dans le courant de l'année 1757.

1741.

Jean-Baptiste Rome, avocat (37), fut nommé pour lui succéder, et prêta serment le **22** décembre **1757**. Il était depuis plusieurs années syndic du diocèse de Narbonne, et les preuves de capacité et de zèle qu'il avait données dans l'exercice de ce syndicat lui avaient acquis l'amitié particulière de l'archevêque de Narbonne, président des États, qui le fit agréer à l'Assemblée. En 1763, et à l'occasion du vaisseau de cent canons que la province de Languedoc venait d'offrir en don à l'État, il eut des lettres de noblesse, et l'*Armorial des États* de 1765, en le rappelant comme secrétaire et greffier des États, le qualifie : « Jean-Baptiste de » Rome, écuyer. » Il avait épousé demoiselle Gept, dont il eut Pierre-Antoine-Jean-Baptiste de Rome, qui va suivre ; Charles-Antoine, vicaire général en l'évêché de Rodez ; Jean-Baptiste, capitaine au corps royal du génie,

1757.

et Marie-Anne Marguerite, mariée, en 1776, à Charles-Marie d'Audéric de Lastours, qui, en 1782, fut admis aux États comme envoyé de la noblesse. Nous avons vu au chapitre des syndics généraux de la sénéchaussée de Beaucaire et Nismes, que Jean-Baptiste de Rome fut nommé, le 21 février 1776, adjoint et survivancier au syndicat général qu'exerçait René Gaspard de Joubert; il transmit alors sa charge de secrétaire et greffier des États à l'aîné de ses fils.

1769.

Pierre-Antoine-Jean-Baptiste de Rome, qui déjà depuis 1769 avait obtenu l'adjonction et survivance de cette charge, et qui en eut l'entier exercice de 1776 à 1780. A cette dernière époque, il obtint l'adjonction et survivance du syndicat général de la sénéchaussée de Beaucaire et Nismes, que la mort de René-Gaspard de Joubert transmettait à Jean-Baptiste de Rome, son père, et la charge de secrétaire des États, qu'il laissait aussi vacante, fut accordée, en 1781, à Jean-François de Bésaucèle, syndic du diocèse de Toulouse, et ancien capitoul; mais, comme nous l'avons indiqué plus haut, M. de Bésaucèle ayant, du consentement des États, fait échange de sa charge avec celle de secrétaire et greffier au département de Toulouse, la charge de secrétaire et greffier au département de Montpellier fut occupée par :

1781.

Pierre-Louis de Carrière. Exact, zélé, laborieux, tant que ces qualités suffirent à l'exercice de ses fonctions, Pierre-Louis de Carrière se montra dévoué et fidèle, lorsque les circonstances orageuses de 1789 lui imposèrent de plus grands devoirs.

Le 15 janvier 1789, les États de Languedoc se réunirent pour la dernière fois et se séparèrent le 24 février suivant. Les syndics généraux étaient réduits au nombre de deux par la démission du marquis de Montferrier; c'étaient MM. de Puymaurin et de Rome; les deux secrétaires, MM. de Carrière et de Bésaucèle, et le trésorier général, M. de Joubert. M. de Rome fit bientôt après plusieurs voyages, M. de Bésaucèle partit pour Toulouse; M. de Puymaurin s'y rendit également, après avoir donné, le 15 avril, procuration à M. de Carrière de faire les emprunts délibérés par l'assemblée et de signer tous les actes concernant la province. M. de Carrière fut donc le seul représentant de ses collègues et le seul agent de la province de Languedoc. Pendant ce temps-là l'assemblée nationale procédait à une nouvelle organisation du pays; elle décréta, le 23 mars 1790, qu'il serait nommé une commission provisoire composée de huit personnes domiciliées dans la province et nommées par le roi, laquelle prendrait ses séances le 1er mai suivant en l'hôtel de ville de Montpellier, à l'effet d'assurer l'exécution des décrets des 12 décembre et 30 janvier précédents, qui prescrivaient la forme de la perception et du recouvrement des impositions de 1790, dans les pays d'États. C'en était fait, les États n'existaient plus. M. de Carrière eut à souffrir dans un de ses plus chers sentiments, son attachement à la constitution de la province; mais il resta ferme à son poste et ne se retira qu'au mois d'août 1790; alors la division du territoire était consommée, et une nouvelle administration s'établissait.

En vain la commission des départements voulut, dès le mois d'octobre de la même année, l'obliger à se rendre à Montpellier, il ne répondit à ses sommations et à ses menaces qu'en protestant de la manière la plus énergique contre l'anéantissement des droits, libertés et priviléges de la province de Languedoc. Le 18 avril 1790, le roi nomma les huit membres de la commission décrétée par l'assemblée nationale. MM. les syndics, trésorier, greffiers étaient tenus de la reconnaître et de lui communiquer tous les titres, registres, documents qui se trouvaient en leur pouvoir. M. de Puymaurin envoya, le 27 avril, des pouvoirs écrits de sa main à M. de Carrière, pour le représenter auprès de la commission; il est à remarquer que M. de Puymaurin était alors procureur fondé de M. de Rome, son collègue, qui se trouvait en voyage. Les pouvoirs de M. de Puymaurin furent sans doute trouvés insuffisants, puisqu'il les renouvela, par acte public, devant Campmas, notaire de Toulouse. De son côté, M. de Rome, quoiqu'il eût donné sa procuration à M. de Puymaurin, crut cependant nécessaire d'envoyer des pouvoirs spéciaux à M. de Carrière. Il les adressa, d'Avignon, le 20 mai 1790; ils étaient écrits de sa main. Rejetés comme insuffisants, ils furent renouvelés, par acte passé à Nismes, le 31 du même mois, devant Novis, notaire. M. de Carrière fut encore une seconde fois le représentant de tous les officiers de la province, car M. de Bésaucèle, quoique nommé dans les procurations et pouvoirs de MM. les syndics généraux, était dans l'impossibilité d'agir, vu sa faiblesse et son grand âge; aussi lui écrivait-il ces mots déjà cités plus haut : « Ma vieillesse sollicite en- » core cette grâce de votre jeunesse. » M. de Carrière soutenait le poids des affaires avec toutes les ressources que lui fournissaient son zèle et son activité. Vers la fin du mois de juin, M. de Rome vint se joindre à lui ; au mois d'août, un peu plus libre par le retour de son collègue, il fit un voyage dans ses terres ; il y retrouva son père et sa mère, qui depuis longtemps réclamaient sa présence et ses soins. Cependant, en exécution du décret du 22 décembre 1789, la province de Languedoc avait été divisée en départements; l'article 10 de la troisième section de ce décret portait : « Dans les provinces qui ont eu jusqu'à présent une » administration commune et qui sont divisées en » plusieurs départements, chaque administration de » départements nommera deux commissaires qui se » réuniront pour faire ensemble la liquidation des » dettes contractées sous le régime précédent, pour » établir la répartition de ces dettes entre les différentes » parties de la province, pour mettre à fin les anciennes » affaires. »

L'Assemblée nationale pour accélérer et faciliter l'exécution de ces dispositions, décréta, le 21 septembre 1790, qu'il suffirait de la présence des commissaires de trois départements lorsqu'ils se trouveraient réunis au nombre de six, et que le jour où les opérations devraient commencer serait indiqué par les divers commissaires du département qui comprenait le chef-lieu de l'ancienne administration. Conformément à ce dé-

cret, M. Cambon, commissaire du département de l'Hérault écrivit à la date du 6 octobre 1790, une lettre à
M. de Carrière dans laquelle il le prévient des intentions de MM. les commissaires et du jour de leur réunion. M. de Carrière répondit le 11 octobre suivant :
« Monsieur, la Commission trouvera, notamment aux
» archives de la province et dans les divers bureaux de
» Messieurs les syndics, beaucoup plus que dans mon
» greffe, les pièces dont elle pourra avoir besoin. Au
» surplus, comme je prévois que mes affaires et l'état
» d'infirmité de mon père et de ma mère pourraient
» me retenir encore ici, j'ai donné à mon commis les
» ordres les plus exprès pour répondre aux désirs et
» aux vues de Messieurs les commissaires en tout ce
» qui pourra concerner mon greffe. Mais en lui don-
» nant ces ordres, je n'ai pas dû oublier, par une suite
» de mon respect pour les ordres du roi, que j'ai juré
» et promis à chaque tenue d'États, étant en présence
» de Dieu et la main levée au ciel, de maintenir les
» libertés, droits et priviléges du Languedoc et ne con-
» sentir point qu'il y fût porté aucun préjudice. Voilà,
» Monsieur, la profession de foi que mon père et moi
» avons renouvelée depuis que nous appartenons à la
» province, et cela toutes les années et tant qu'il a plu
» au roi de nous appeler à son service pour remplir
» aux États les devoirs de notre charge et office. Je
» dois donc déclarer ici, Monsieur, que je croirais de-
» venir en quelque sorte parjure au serment que j'ai
» prêté tant de fois à la face du ciel et de la terre, et
» qui sera toujours sacré pour moi; si la conduite res-

» pectueuse, mais réservée que je me ferai toujours un
» devoir de tenir envers Messieurs les commissaires des
» départements pouvait être regardée comme un
» acquiescement et une adhésion de ma part au ren-
» versement des droits, libertés, priviléges de la pro-
» vince de Languedoc auxquels j'ai promis et juré
» solennellement de mourir fidèle. »

La Commission délibéra sur cette lettre, et son secrétaire écrivit à M. de Carrière une lettre assez violente,
où il lui dit que, comme il est assez constant qu'il
appartient à la ci-devant province de Languedoc, il
ait à se rendre sans délai auprès de la Commission;
qu'ils n'entendent point être renvoyés à un commis, et
prient M. de Carrière de les dispenser de recourir à
des voies extraordinaires pour l'y contraindre. M. de
Carrière répondit de Saint-Quintin, le 17 octobre:
« Monsieur, il était indispensable pour moi de donner
» à mon commis les ordres les plus précis pour répon-
» dre en mon absence aux désirs et aux vues de Mes-
» sieurs les commissaires, en tout ce qui pourrait
» concerner le dépôt de mon greffe. Ce dépôt, ainsi que
» vous le savez vous-même à raison de votre qualité
» de dépositaire des archives, se réduit aujourd'hui
» presque à rien depuis la remise des États d'intérêts,
» mandements et autres objets dont se trouve nantie
» depuis le mois de mai dernier la Commission princi-
» pale. Les raisons alléguées dans ma lettre à M. Cam-
» bon sous la date du 11 de ce mois existent dans
» toute leur intégrité, et je ne connais pas de plus
» justes motifs à faire valoir auprès de Messieurs les

» commissaires, mais comme les devoirs des officiers
» de la province ont toujours consisté dans une solida-
» rité réciproque de fonctions et de travail qui ne leur
» a jamais été contestée, je vais prendre la liberté d'a-
» voir recours à ceux qui se trouvent à Montpellier,
» c'est-à-dire à M. de Joubert mon oncle, et à M. de
» Rome. Ces deux messieurs, que j'ai eu l'avantage de
» suppléer quelquefois pendant leur absence, ne me re-
» fuseront pas, à leur tour, cette grâce. »

Pierre-Louis de Carrière, comme nous l'avons vu
plus haut s'était retiré au mois d'août 1790, l'administration nouvelle était en vigueur, et il ne songea plus
qu'à échapper aux malheurs personnels que la tour-
mente révolutionnaire ne faisait que trop appréhender.
Aimé et respecté des habitants du lieu de sa résidence (38), auxquels il se rendit toujours utile, l'estime
publique fut sa sauvegarde. Lorsque le gouvernement
impérial s'établit et voulut emprunter à d'anciennes
influences les éléments de sa stabilité, Pierre-Louis de
Carrière devint l'objet de diverses nominations. La présidence du collége électoral de l'arrondissement d'Uzès
lui fut conférée par un brevet du 15 novembre 1802, et
il reçut immédiatement après des lettres de convoca-
tion pour la cérémonie du sacre. En 1807, un décret
impérial l'appela au conseil général du département du
Gard, qui l'élut président dans sa session de 1811; enfin un nouveau décret du 10 janvier 1812 l'appela à la
présidence du collége électoral de l'arrondissement
d'Uzès, qui se rassembla le 24 février suivant. Ces nominations qui lui étaient adressées sans démarche de

sa part, témoignaient de la considération qui lui était accordée et que peu de personnes ont obtenue plus généralement. Il avait assisté en 1789 à l'assemblée de la noblesse de la sénéchaussée de Nismes pour la nomination des députés aux États généraux du royaume. Le procès-verbal des délibérations de cette assemblée, imprimé à Nismes, chez Beaume, 1789, in-4°, établit en outre qu'il y représentait Claude de Carrière, dont il portait procuration reçue le 12 mars 1789 devant Chamand, notaire à Saint-Quintin. Pierre-Louis de Carrière atteint de bonne heure d'infirmités graves, y succomba, à Saint-Quintin, le 13 janvier 1815, âgé de moins de soixante-quatre ans. On peut dire que l'antique administration de la province de Languedoc périt en lui; comme il en avait été le dernier défenseur il en fut aussi le dernier membre survivant.

CHAPITRE CINQUIÈME.

Le plus ancien que les procès-verbaux fassent connaître (on sait que leur collection non interrompue remonte à l'an 1501) est : Pierre Potier, qui exerçait vers cette époque, et à qui les États témoignaient beaucoup de confiance et de considération. Il est qualifié : seigneur de la Terrasse dans les procès-verbaux qui suivent, et c'est très-probablement le même que Pierre Potier, secrétaire du roi, seigneur de la Terrasse, que les Annales de Toulouse mettent au nombre des capitouls de l'année 1540 (39). Il mourut en 1549, comme il résulte de la délibération suivante prise à Beaucaire le 30 octobre de cette année : « Les États informés du » décès de noble homme Pierre Potier, seigneur de la » Terrasse qui avoit accoustumé prendre et recevoir les » deniers que lesdits États ordonnoient être employés » pour les affaires du pays et les distribuer selon l'ad- » vis, décharge, et mandement desdits États, et des » dits deniers en rendre compte chacune année en » l'assemblée et convention générale desdits États;

» voulant pourvoir pour l'avenir de personne suffi-
» sante, capable et responsable à faire telle charge et
» recette pour le pays au profit et utilité d'iceluy, et
» étant attestés des sens, suffisance, loyauté et expé-
» rience de Mᵉ Estienne du Moys, receveur des répara-
» tions du Languedoc, iceluy Mᶜ Estienne du Moys,
» illic présent et acceptant, ont eslu, nommé, commis
» et député, eslisent, commettent et députent à rece-
» voir, tenir, et distribuer lesdits deniers et faire la
» recette et charge, tout ainsi que le feu sieur de la
» Terrasse avoit accoustumé faire pour ledit pays, aux
» facultés, prérogatives et prééminences étant et
» appartenant à ladite charge, excepté que ledit du
» Moys ne prendra aucuns gages ni profit desdits de-
» niers qu'il tiendra en ses mains dudit pays, suivant
» son offre et consentement. »

Étienne du Moys, nommé et installé en 1549 (40),
est mentionné au procès-verbal de l'année suivante
non-seulement comme trésorier de la bourse, mais aussi
comme envoyé du vicomte de Joyeuse, baron des États.
On le voit en même temps prendre à bail, moyennant
une remise de deux deniers par livre, la recette de
l'imposition établie pour les frais de mutation des gar-
nisons, et les *ustensiles* de ce service. Il fut en outre,
soit à cette époque, soit un peu plus tard, mais toujours pendant l'exercice de ses fonctions de trésorier,
revêtu de l'office de receveur général pour le Roy en
la recette de Montpellier, car une délibération prise à
Béziers le 13 novembre 1553, et par laquelle les États
excluaient du droit de siéger dans les assemblées, les

1549.

officiers des juridictions présidiales nouvellement établies en Languedoc, se termine ainsi : « Aussy a été » conclud que M⁰ Estienne du Moys, comme receveur » et tenant la bourse du pays, n'assistera et n'opinera » en l'assemblée des États parce qu'il est receveur gé- » néral en la recette de Montpellier. » Ce fut probablement cette exclusion qui détermina Étienne du Moys à résigner la charge de trésorier. Cinq jours après, c'est-à-dire le samedi 18 novembre une délibération fut prise en ces termes : « Messieurs des États ont admis et reçu » M⁰ Rollin du Moys fils à M⁰ Estienne du Moys à rece- » voir et tenir les deniers et faire la recepte et chargé » pour ledit pays que M⁰ Estienne faisait, et ce pour la » résignation pure et simple faite par ledit Maître Es- » tienne. »

1553. Rollin ou Raulin du Moys, nommé par la délibération que nous venons de transcrire, fut immédiatement admis à la prestation de son serment, et entra en exercice sous le cautionnement de son père, « qui, porte le » procès-verbal, s'est rendu pleige pour son fils en » pleine assemblée avec les submissions en tel cas re- » quises. » Peu après il succéda à l'office de receveur général que tenait son père, et s'autorisant de l'exemption accordée par les États en 1554 à Robert le Blanc, syndic général, et à Jacques Bertrand secrétaire, qui occupaient en même temps des offices royaux, il crut pouvoir, comme eux, continuer de siéger dans l'assemblée; mais sa prétention fut repoussée le 9 novembre 1558, par délibération prise à Montpellier, en ces termes : « Les États maintiennent l'exclusion contre

» Raulin du Moys, receveur et tenant la bourse, pour ce
» qu'il est officier du roy, comme receveur général en
» la généralité de Montpellier, et déclarent qu'il n'y
» aura d'autre exemption que pour le syndic le Blanc
» et pour le greffier Bertrand, en faveur de qui ils ont
» prononcé dispense en 1554. » Deux ans après cette
résolution, qu'il désespéra sans doute de faire révoquer,
Raulin du Moys donna sa démission. On trouve au procès-verbal des États tenus à Beaucaire en 1560, et sous
la date du lundi 21 octobre, la délibération qui suit :
« Après que Messire Guillaume Arquier, chanoine de
» Montpellier et cousin de M⁰ Raulin du Moys, eut dit
» ces jours passés à l'assemblée et encore a déclaré,
» que ledit M⁰ Raulin du Moys ne vouloit plus tenir la
» bourse du pays, parce qu'il étoit occupé en autres
» affaires, car la plupart du temps il se tient à la cour ;
» disant iceluy Arquier avoir charge dudit du Moys de
» porter cette parole aux États; voulant et consentant
» que la charge et état de tenir la bourse fût baillé à
» tel autre que le pays voudra; lesdits gens des États
» étant bien avertis des sens, suffisance, loyauté et
» expérience de M⁰ Pierre Reich, bourgeois et receveur
» du diocèse de Carcassonne, l'ont eslu, nommé, dé-
» puté, élisent et députent à recevoir, tenir et distri-
» buer les deniers de la bourse, et faire la recette et
» charge pour la présente année, aux gages de dix de-
» niers tournois pour livre. »

Pierre Rech ou Reich, nommé par la délibération
que nous venons de transcrire, est rappelé comme receveur tenant la bourse, et en outre qualifié seigneur de

1560.

Canecaude (41), village de l'arrondissement de Carcassonne, dans un acte du 14 avril 1562, passé à Carcassonne, et qui se rapporte à la levée d'une imposition
extraordinaire. Une délibération du 15 septembre 1572,
prise aux États tenus à Béziers, rappelle qu'il est receveur du pays depuis douze années, et lui donne pour
adjoint et survivancier son fils.

1572.

Bertrand Reich, qui est immédiatement admis, et
dut entrer en exercice dès son admission, car il était
devenu *le plus ancien officier du pays*, aux termes
d'une délibération des États, prise à Béziers, le 8 mars
1595, et par laquelle il fut confirmé dans son office de
receveur et trésorier, nonobstant les démarches de
Pierre Maurin, qui offrait de faire la levée des impôts,
à six deniers pour livre. Il est rappelé comme trésorier,
et qualifié : Mr Me Bertrand de Reich, dans le procès-
verbal d'une autre assemblée des États tenus la même
année, au mois de juin, dans la ville de Castres. L'année suivante (1596), il assiste aux États ouverts à
Pézenas, le 8 janvier, mais sous la dénomination de
seigneur de Penautier, terre située près de Carcassonne
et qu'il venait sans doute d'acquérir. Une délibération
du 1er février suivant le confirme dans sa charge sur
l'exposé qu'il fait : « Que aucuns de ses envieux la
» demandent, et qu'indépendamment de ce que son
» père et lui l'ont faite depuis 40 ans, en gens de
» bien, on délibéra l'année dernière qu'il n'en pourroit
» être démis que pour la forfaiture ou promotion à em-
» ploi incompatible. » L'année suivante (1597), dans le
procès-verbal d'une assemblée tenue à Pézenas, on le

voit sous le nom de sieur de Puynaultier, offrir ses excuses de ce qu'il ne se présentait que le 11 juillet, veille de la clôture. Il dut mourir peu d'années après, dans l'exercice de sa charge, dont l'aîné de ses fils avait probablement la survivance. Ces fils étaient au moins au nombre de quatre, savoir : Bernard, sieur de Penautier, qui va suivre ; Pierre, qui, ayant rempli les fonctions de trésorier pendant une absence de son frère reçut une gratification des États (voir le procès-verbal de l'assemblée ouverte à Pézenas le 5 novembre 1613). Pierre-Louis, qui dans le même procès-verbal est qualifié : conseiller du roi, trésorier général des réparations et fortifications du Languedoc. N*, qui en 1655, était conseiller de grand'chambre au parlement de Toulouse.

Bernard de Reich, seigneur de Puynaultier, avait succédé à son père avant 1604, puisque le procès-verbal des États ouverts à Alby au mois de novembre de cette année le montre en exercice de trésorier de la bourse. Il est rappelé sous le nom de Bernard et avec les qualités de sieur de Puynaultier dans le procès-verbal d'une assemblée tenue au Saint-Esprit l'année suivante, 1609. On y accorde comme subside extraordinaire une somme de 75,000 livres que ce trésorier, « continuant, dit le procès-verbal, en la même bonne » volonté de servir le pays, qui peut avoir été recon-» nue en ses prédécesseurs, » offrit de faire prêter en employant son crédit. Le même prénom de Bernard, la même qualité de sieur de Puynaultier ou Penaultier, lui sont encore donnés dans les procès-verbaux de quatre assemblées tenues pendant les années 1612 et 1613. Il est mentionné sous le même prénom de Bernard, et comme trésorier de la bourse, dans un arrêt du Conseil, du 10 juin 1623, inséré au tome VI des lois municipales de Languedoc, et il exerçait encore lorsque parut l'édit du mois d'octobre 1632, qui a fait époque dans l'histoire de nos États. On sait qu'entre autres dispositions destructives des priviléges de la province, en matière d'impôts, cet édit cassa la commission de trésorier pour l'ériger en office royal, et en attendant qu'il fût fait une exacte recherche des malversations alléguées, créa trois trésoriers qui devaient alter-ner entre eux, par année. Bientôt la révision des comptes des deniers du pays s'établit devant des commissaires du conseil du roi, et après qu'il y eut été vaqué pendant trois ans les États comme ordonnateurs, et de Penautier comme comptable, furent déchargés par arrêt du conseil, du 6 mars 1636. Ce fut alors, sans doute, que de Penautier put être pourvu d'un office de trésorier de France, à Toulouse. Le recueil des titres, blasons, etc., publié en 1655, par Béjard, qui le mentionne à l'occasion d'un de ses fils (voir plus bas), le qualifie : *Feu* Messire Bernard de Reich, seigneur de Penautier, chevalier, conseiller du Roy, trésorier, grand voyer de France, général des finances en la généralité de Toulouse, et rappelle qu'il avait longtemps possédé la charge de trésorier de la bourse des États du Languedoc, ainsi que son père et son grand-père. Comme ce fut en 1649 que les États recouvrèrent le droit de nommer à cette charge, et qu'ils la donnèrent

à son fils, on doit en conclure que Bernard de Reich
était mort avant cette époque. Il avait épousé Louise
de Claret de Saint-Félix, dont il eut deux filles : 1° Anne,
qui épousa, par contrat du 1er juillet 1668, François de
Chalvet, baron de Fenouillet, conseiller au parlement
de Toulouse, d'où provint François-Henri-Auguste de
Chalvet, sénéchal de Toulouse, en 1688, et dont le
petit-fils fut chevalier de Malte ; 2° Marie, qui épousa
Pierre-François de Sevin Mansencal, conseiller au parlement de Toulouse, et trois fils, dont l'un, sieur de
Penautier, était en 1655, conseiller aux enquêtes du
même parlement. Les deux autres, Pierre, et Pierre-
Louis, devinrent successivement trésoriers de la bourse.
Nous avons vu que cette charge, supprimée par l'édit
de 1632, fut remplacée par trois offices d'institution
royale. Ces trois offices avaient été acquis par François
Lesecq, Gabriel de Creyssels et Guillaume de Massia.
On en créa même un quatrième, qui, du reste, fut révo-
qué presque aussitôt. Enfin, un édit du mois d'octobre 1619, ayant rapporté l'édit de 1632, et remis toutes
choses sur le même pied qu'auparavant, les États ouvrirent un emprunt pour rembourser la finance des
trois offices de trésoriers alternatifs et éteindre ainsi les
titres de ces charges. Il paraît cependant que, soit
faveur spéciale, soit condition imposée, ou tout autre
motif, celui de ces offices que tenait François Lesecq
ne fut point sujet à remboursement, mais du moins le
droit d'institution n'appartint qu'aux États. Par délibération du 17 novembre 1649, ils nommèrent trésoriers de leur bourse, pour servir une année alternati-

vement, Pierre de Reich et François Lesecq. Le premier leur était recommandable et par ses propres services, et par ceux de sa famille, que l'édit de 1632 avait arbitrairement dépossédée. Quant à François Lesecq, que le recueil des titres, blasons, etc., publié par Béjard en 1655, qualifie : « Noble François Lesecq, seigneur de » la Porte (42), d'Autruy, d'Interville, de Panecier et » de Léoville, conseiller du roi, en ses conseils, secré- » taire des finances, maison et couronne de France, » trésorier et receveur général de la bourse des États » généraux de Languedoc, » son exercice fut plus dommageable qu'utile à la province; néanmoins il se prolongea et continuait encore en 1667; mais il avait pris fin avant 1681, et la charge fut supprimée, puisqu'on n'en voit plus de trace dans l'Armorial de 1686. Il ne resta donc qu'un seul titre de trésorier de la bourse, celui qui avait été créé en 1649, pour :

1649.

Pierre de Reich, seigneur de Penautier, lequel n'en jouit que peu d'années, car il est appelé *feu* M. de Penautier dans le Recueil des titres, blasons, etc., publié en 1659, où d'ailleurs il n'est mentionné que par occasion. Sa mort fut prématurée et, porte le même recueil, « regrettée de toute la province. » On doit conjecturer qu'il mourut sans enfants, puisque sa terre de Penautier passa à son frère, conseiller au Parlement de Toulouse (voir même Recueil), et que sa charge de trésorier alternatif de la bourse fut donnée à son autre frère.

« Noble Pierre-Louis de Reich de Penautier, tréso- » rier, receveur général de la bourse des États de Lan-

» guedoc (43), » ainsi nommé et qualifié au Recueil des blasons, titres, etc., publié, en 1655, par Béjard. Il était alors en exercice, « ayant toujours géré, ajoute » le même recueil, avec honneur et contentement d'un chacun ; » et ces mots indiquaient qu'il avait été admis quelques années avant 1655. C'est pendant son exercice que la charge de trésorier, redevenant ce qu'elle était avant 1632, n'eut plus qu'un seul titulaire. Il en avait obtenu la survivance pour le sieur de Sevin (44), son neveu, fils de Marie de Reich, sa sœur (voir plus haut), et joignait d'ailleurs à cette charge celle de receveur général du clergé, qui, n'étant pas de nomination royale, n'offrait aucune incompatibilité. C'est sous ce double titre, et avec les qualités de : Messire Pierre-Louis de Reich de Penautier, conseiller du Roy, en ses conseils, qu'il est rappelé dans l'Armorial des États de l'année 1686. Dix ans avant cette époque, un arrêt l'avait déchargé de toute complicité dans les crimes de la marquise de Brinvilliers (45). On sait qu'autrefois, amant de cette célèbre empoisonneuse, il fut impliqué dans son procès.

Ce pauvre Penautier, comme l'appelait madame de Sévigné (lettre du 20 juin 1676), fut à cette occasion l'objet des soupçons des uns, des épigrammes des autres, mais de l'intérêt d'un grand nombre. « Il a une » infinité d'amis d'importance, » écrit encore madame de Sévigné (lettre du 10 juillet 1676). « Il sor- » tira de ceci un peu plus blanc que neige, » écrivait-elle plus tard (lettre du 22 juillet 1676); et elle ajoutait : « Il est vrai que le peuple n'est pas content. »

Au reste, bien qu'on ait prétendu, même après le procès, que la table de Penautier serait désormais dé-
serte, il n'en fut rien, ni à Paris ni en Languedoc ; et
cette circonstance, qu'on ne peut prendre pour une
flatterie, suffirait seule pour le justifier. Il continua
donc à jouir magnifiquement de sa fortune ; il en jouit
longtemps, car il ne mourut que le 3 août 1711. Six
mois seulement avant sa mort, c'est-à-dire le 10 juin
1711, il se démit de sa charge de trésorier de la
Bourse, qu'il occupait depuis environ soixante années.
Son neveu, de Sévin, se démit en même temps de la
survivance qui lui avait été accordée, et par traité du
13 janvier 1711, qui contient les conditions imposées
par les États à la réception des cautions offertes par le
nouveau comptable, la charge fut confiée à :

1711.

Joseph Bonnier (46), qualifié en d'autres actes seigneur et baron de la Mosson, la Pailhade, Fontcaude,
Viar, Juvignac, etc., et qui avait épousé demoiselle
Anne Melon. Son exercice se prolongea jusqu'à sa
mort, survenue le 15 novembre 1726 ; mais, depuis le
8 janvier, sur la demande qu'il en avait faite en personne aux États qui se tenaient à Montpellier, la survivance de la charge était accordée à Joseph Bonnier,
son fils, qui ne devait prêter serment que lorsqu'il
aurait atteint l'âge de dix-huit ans. Indépendamment
de ce fils, il eut une fille, Anne-Josèphe Bonnier, qui
fut mariée, en 1734, à Michel-Ferdinand d'Albert
d'Ailly, duc de Picquigny et de Chaulnes, pair de
France, lieutenant-général des armées du roi, gouverneur de Picardie, membre honoraire de l'Académie

des sciences. C'est cette duchesse de Chaulnes que son esprit, sa pénétration dans l'étude des sciences, il faut le dire aussi, ses dérèglements, ont rendue célèbre. Elle mourut vers 1787, ayant contracté un second mariage avec M. de Giac.

Joseph Bonnier de la Mosson, son frère, devenu tré- **1726.** sorier de la bourse par la mort de leur père commun, fut installé, en 1726, après traité mutuellement consenti entre lui et les États. Il exerça jusqu'à sa mort, c'est-à-dire jusqu'en 1744, ayant eu pendant quelques années pour survivancier son cousin germain, Antoine-Samuel-Bonnier d'Alco (47), qui, admis en cette qualité en 1731, se démit volontairement en 1738. A la mort de Bonnier de la Mosson, qui survint à Paris le 26 juillet 1744, on dressa inventaire de sa riche succession. L'acte en existe sous la date du mois d'août 1744, poursuite et diligence du procureur fondé de dame Constance-Gabrielle-Madeleine du Moncel de Louraille (d'une famille du parlement de Normandie). Elle agissait au nom de leur fille unique, Anne-Josèphe-Madeleine-Renée Bonnier, née en 1741, dont une sentence du même mois d'août 1744 lui conféra la tutelle. Dans cette sentence, Bonnier de la Mosson est qualifié : « Feu messire Joseph Bonnier de la Mosson,
» vicomte de Villemur, baron de la Mosson, Fabré-
» gues et Mirandol, seigneur du marquisat de Mesnil-
» Garnier, de la châtellenie du Moulay, Juvignac et
» autres lieux, bailly, capitaine des chasses de la Va-
» renne des Thuileries ; ci-devant mestre de camp, lieu-
» tenant du régiment Dauphin, dragons, et maréchal

» général des logis des camps et armées du roi, tré-
» sorier général des États de Languedoc, conseiller
» secrétaire du roi, maison, couronne de France et de
» ses finances. » On trouve aussi, en un volume de
136 pages in-12, imprimé à Paris en 1744, chez
Barrois et Simon, le catalogue raisonné d'une collection considérable de diverses curiosités de tout genre
« contenues dans les cabinets de feu M. Bonnier de la
» Mosson, bailly et capitaine des chasses de la Va-
» renne des Thuileries et ancien colonel du régiment
» Dauphin, par E. Gersaint. » La vente en fut longtemps célèbre parmi les amateurs; cependant le plus
riche débris de cette succession, c'est-à-dire la charge
de trésorier de la bourse, échéait à :

1744.   François Lamouroux, qui, d'abord chargé de la procuration de la veuve de M. de la Mosson, ensuite com-
missionné par l'archevêque de Narbonne, en attendant
la réunion des États, fut enfin nommé par délibération de l'assemblée du mois de décembre 1744. Il
mourut en exercice, le 10 novembre 1753, sur la
paroisse Saint-Roch, à Paris, laissant une succession
litigieuse dans laquelle les États de Languedoc inter-
vinrent par l'intermédiaire d'une commission. Après
plusieurs années employées à la liquidation, une
transaction fut passée, à la date du 18 septembre 1765,
devant Doillot, notaire de Paris. François Lamouroux,
rappelé dans cet acte, y est qualifié : « écuyer tréso-
» rier général de la bourse des États de Languedoc. »
On y voit qu'il avait épousé en premières noces Claire-
Marguerite Perdiguier, dont il eut : François Lamou-

roux, écuyer ; Marie-Catherine Lamouroux, épouse de
messire Charles de Selle, conseiller honoraire en la
grand' chambre du parlement de Paris, seigneur du
Mesnil, Saint-Denis et autres lieux, et Anne-Margue-
rite Lamouroux, épouse de Jacques David Ollivier,
écuyer, receveur général des finances de la généralité
de Lyon ; et, en secondes noces : Marie-Françoise
Duranc, qui l'avait fait père de Henri-François Lamouroux, écuyer, et de Marguerite Lamouroux, alors enfants mineurs. Les États avaient, dès la mort de
François Lamouroux, accordé à sa veuve une pension
viagère de 6,000 livres, dont les deux tiers étaient
reversibles par moitié à son fils et à sa fille ; ils chargèrent ensuite du payement de cette pension le successeur de M. Lamouroux, qui fut :

« Guillaume Mazade de Saint-Bresson (48), seigneur   1754.
» d'Athis-sur-Orge, Piedefer, Bretigny-sur-Mons et
» autres lieux, secrétaire du roi, maison, couronne de
» France et de ses finances, nommé trésorier de la
» bourse par délibération du 21 février 1754, et qui
» fut reçu en l'assemblée des États en la dite qualité
» au mois de janvier de l'année suivante. » C'est en
ces termes et avec ces qualifications qu'il est rappelé
dans l'*Armorial des États* de 1767. Il avait épousé
Marie-Antoinette de la Roche, fille de Pierre de la
Roche, écuyer, et de Marguerite Lebel, dont il eut
une fille unique, Antoinette-Marguerite-Henriette,
née le 26 février 1756, morte en septembre 1785, et
qui avait été mariée, en 1772, à Louis-Alexandre
Céleste, duc de Villequier, depuis duc d'Aumont,

premier gentilhomme de la chambre du roi, chevalier de ses ordres, fils de Louis-Marie-Auguste d'Aumont de Rochebaron, duc d'Aumont, pair de France, premier gentilhomme de la chambre, chevalier des ordres du roi, lieutenant-général de ses armées, gouverneur du Boulonnais, et de Victoire-Félicité de Durfort de Duras. De ce mariage provinrent deux filles, mesdames de Sainte-Aldegonde, et un fils, le duc d'Aumont. Une des sœurs de M. de Saint-Bresson, Marthe Mazade, s'était alliée, comme nous l'avons vu plus haut, à Laurent-Ignace de Joubert, syndic général de la province, depuis président à la cour des comptes, aydes et finances de Montpellier; c'est au fils issu de ce mariage, Philippe-Laurent de Joubert, que, par délibération du 20 février 1776, les États accordèrent la survivance de la charge de trésorier. Elle fut bientôt vacante, M. Mazade de Saint-Bresson étant mort à Paris dans le courant de l'année suivante, 1777.

1777.   Philippe-Laurent de Joubert, installé la même année, se montra bientôt le zélé protecteur des arts et des sciences. Sa fortune ne fut pour lui qu'un moyen d'être utile, qu'une source d'encouragements et de récompenses. C'est à ses libéralités que l'on doit la magnifique collection de dessins gravés et publiés en deux volumes in-folio, sous le titre de : *Galerie de Florence;* et le peintre Fabre, qui a doté la ville de Montpellier d'un si riche musée, où se font remarquer ses propres ouvrages, est l'un des artistes dont M. de Joubert sut deviner le talent et soutenir les premiers efforts. M. de Joubert, que l'on trouve qualifié en plusieurs actes : messire Philippe-Laurent de Joubert, chevalier, seigneur du Bosc, baron de Sommières et de Montredon, avait, pendant quelque temps, succédé à son père dans la charge de président en la cour des comptes, aydes et finances de Montpellier. Veuf de Marie-Madeleine de Paulet, il n'avait conservé qu'un fils, Laurent-Nicolas de Joubert, qui, d'abord conseiller en la Cour des Comptes, aydes et finances de Montpellier, fut admis, par délibération des États du 7 février 1786, à la survivance de la charge de trésorier de la bourse. M. de Joubert le fils ne jouit pas longtemps des espérances de fortune que tout semblait promettre à sa descendance. Sa charge, supprimée avec l'administration de Languedoc, ne fut bientôt pour lui et pour les siens qu'une effrayante responsabilité, et, plus tard, une cause de ruine. Il mourut à Paris, au mois d'octobre 1793 ; son père l'avait précédé au mois de mars 1792. De son mariage, contracté à Paris en 1785 avec Marie-Louise Poulletier de Périgny, naquirent trois enfants : 1° Amédée-Pierre-Laurent de Joubert, né à Montpellier le 20 avril 1791, aujourd'hui unique représentant mâle de sa famille, sans alliance ; 2° Célestine-Marie-Laure, née à Paris en août 1792, sans alliance (49) 3° Nathalie, ainsi appelée parce qu'elle naquit le jour de Noël 1793, a épousé, en 1818, Pierre-Félix-Geoffroy de Charnois, ancien conseiller au parlement de Paris, et est morte dans cette même ville, le 20 mai 1847, à l'âge de cinquante-trois ans, ayant eu deux enfants morts en bas âge.

9

NOTES ET ÉCLAIRCISSEMENTS

–o—o–

Note 1. Le lundi 28 janvier 1664, le sieur Cassaignes, greffier de la juridiction des Etats sur le fait de l'*étape*, représente aux États qu'ayant été pourvu de sa charge en 1658, par la bonté de l'assemblée, il l'a exercée avec toute l'exactitude possible, mais qu'elle lui a donné peu d'occupation dans la guerre et ne lui en a pas laissé dans la paix; qu'ainsi il se fait scrupule de la posséder plus longtemps et de charger la province d'un officier qui lui a été peu nécessaire pour le passé, et qui lui sera assez inutile pour l'avenir; qu'en conséquence il supplie l'assemblée d'agréer sa démission pure et simple. Après que Cassaignes est sorti, les Etats délibèrent et arrêtent qu'en acceptant sa démission, ladite charge sera éteinte et supprimée à perpétuité sans pouvoir être rétablie sous quelque prétexte que ce soit, comme inutile et à charge à la province, même en temps de guerre où l'étape est plus forte, l'assemblée ayant deux greffiers qui peuvent fournir aux affaires ordinaires des États et de ladite étape, comme ils avaient fait avant l'établissement dudit Cassaignes, sans avoir eu pour cela plus grands gages. Et après une page de défenses à toutes personnes, de quelle qualité qu'elles soient, de proposer jamais le rétablissement de cette charge, l'assemblée accorde 6,000 livres au sieur Cassaignes en considération de ses bons et agréables services. Cassaignes rentre, remercie et s'en va.

Note 2. Mathieu Bousquet épousa demoiselle Anne de Rassiel ; il en eut : noble Accurse de Bousquet, qui eut pour fille Anne de Bousquet, mariée en 1564 à noble Jacques de Madron, seigneur des Issards, près Toulouse. Joseph de Madron, chevalier de Malte en 1668, mort bailli de l'ordre, fut le petit-fils d'Anne de Bousquet.

Note 3. Pierre du Cêdre cultiva les lettres et les muses. Ayant obtenu plusieurs prix aux Jeux Floraux, en 1541, il fut reçu maître ès jeux après avoir chanté l'excellence de la poésie. (Voir *Institutions de la ville de Toulouse* par le chevalier du Mêge, tome IV.)

Note 4. Il l'appelle son *résignataire* dans une lettre adressée aux États, et qui fut remise par Vignals lui-même, le 6 décembre 1579.

Note 5. Jean de Grasset épousa, en 1562, Pierrette de Ratte, sœur de Guitard de Ratte, évêque de Montpellier. Il en eut deux fils qui formèrent deux branches dont le détail se trouve dans le Dictionnaire généalogique de Saint-Allais, année 1835. Des deux fils de Jean de Grasset, l'aîné fut président en la chambre des comptes de Montpellier et conseiller d'État.

Note 6. Voici quelques passages de ces preuves qui peuvent offrir de l'intérêt pour la famille d'Urdes.
« Plus nous a été remis les pactes de mariage dudit sieur
» Jean-Gabriel d'Urdes avec demoiselle Bertrande de Durand,
» bisaïeul et bisaïeule du présenté, dans lesquels nous avons
» trouvé qu'il se qualifie fils de M. Me Lucas d'Urdés, avocat
» au parlement, et de demoiselle Claire de Maynier, trisaïeul
» et trisaïeule du présenté, expédiés par Canac, qui les a re-
» tenus le 5 octobre 1586. »
« Plus nous a été remis le testament de M. Me Lucas
» d'Urdes, avocat au parlement de Toulouse, bisaïeul du pré-
» senté, où nous avons trouvé qu'il fait des légats en homme
» de condition et de grande piété, et qu'il a, entre autres

» choses, fondé une messe de la Passion de N. S. pour être
» célébrée à perpétuité tous les vendredis avec un service de
» prières en l'église de Lounivier, lieu de sa naissance, dans
» la prévôté de Saint-Sever, ressort du parlement de Bor-
» deaux ; et qu'il avoit un très-grand zèle pour la religion
» catholique, et que, instituant héritier ledit Jean-Gabriel,
» bisayeul du présenté, et Pierre d'Urdes, ses enfans, et les
» substituant réciproquement, ainsi que les nobles ont cou-
» tume de faire pour conserver le bien dans leur famille, il
» exhérède celui d'entre eux qui viendroit à se dénouer de
» la religion catholique, et si tous deux venaient à faire pa-
» reille faute, il veut que ses biens soient employés à la pour-
» suite des hérétiques par l'avis et providence des capitouls
» de Toulouse ; ledit testament en date du 24 mai 1580.
» (Randayne, notaire.) »

« Plus nous a été remis un extrait des régistres de la mai-
» son de Ville, où nous avons vu que ledit sieur Lucas
» d'Urdes, quoique étranger à Toulouse, comme homme de
» condition, fut capitoul dans ladite ville les années 1551,
» 1570, 1576, 1581. »

« Plus nous a été remis un extrait des régistres du parle-
» ment, où nous avons trouvé que messire Accurse de
» Maynier, 4e ayeul du présenté, père de la demoiselle Claire
» de Maynier, femme audit Lucas d'Urdes, trisayeul, étoit
» président à mortier audit parlement es années 1513 et 1514;
» en bonne et due forme, signé : de Malenfant, greffier
» civil. »

Note 7. L'un des enfants de Jean d'Olive fut autre Jean,
que M. de Bezons, intendant du Languedoc, maintint dans sa
noblesse par jugement du 10 janvier 1670; on y voit que Jean
d'Olive, syndic général, était fils de Simon, petit-fils de Bar-
thélemy et arrière-petit-fils de Jean d'Olive, capitoul de Toulouse en l'année 1464, et qui testa en 1496. La Biographie
toulousaine, qui contient plusieurs articles sur les d'Olive,
apprend que Jean, capitoul en 1466, avait pour frère Bernard,
capitoul en 1460, pourvu d'une charge de conseiller au par-

lement en 1464, et Guillaume, évêque d'Aleth et clerc au même parlement. Vers le même temps, c'est-à-dire le 4 janvier 1472, Pierre d'Olive, seigneur du Mesnil, était nommé procureur général du parlement, charge qu'il occupa pendant dix ans et qui fut remplie plus tard, de 1516 à 1523, par François d'Olive, de la même famille.

Note 8. La maison de la Mamye, originaire du diocèse de Bourges, vint s'établir à Toulouse en 1478, ainsi qu'on le voit par le mariage d'Antoine de la Mamye, fils de noble et puissant homme Jean de la Mamye, chevalier, avec noble Pétrone de Milhas, fille de noble homme Messire Pierre de Milhas, par contrat du 12 novembre 1478, où il est qualifié : Damoiseau. Depuis, on voit cette famille s'allier à d'autres bonnes familles du pays, les du Faur de Pibrac, du Bourg, de Goutz, Catel, Barthélemy-de-Grammont de Lanta, de Forès Carlincas, etc. ; remplir des emplois distingués dans le parlement, entrer au capitoulat, aux États de la province, donner des chevaliers aux ordres de Malte, Saint-Lazare de Jérusalem et Saint-Louis, des officiers supérieurs et généraux, deux pages de madame la duchesse de Bourgogne, des maîtres des requêtes et conseillers d'État. Noble François de la Mamye, fils du dernier syndic des États, fut maintenu dans sa noblesse, en 1669, par jugement de M. de Bezons, intendant de Languedoc ; il est qualifié : seigneur de Villeneuve et Clairac, demeurant audit lieu de Villeneuve, diocèse de Toulouse.

Dans le siècle dernier, cette famille produisit, en la personne de Louis-Abel de la Mamye de Clairac, un officier très-distingué du génie, qui, après avoir assisté aux siéges les plus mémorables de son temps, fut, en 1748, créé brigadier des armées du roi et mourut à Bergues, le 6 mai 1752. Il est auteur de plusieurs ouvrages, notamment d'un traité fort estimé sur la fortification passagère. (*Biogr. Universelle*, article *Clairac*.) Un Étienne de la Mamye-Clairac mourut maréchal de camp à Saint-Omer, dans sa cinquantième année de service.

Note 9. On lit à l'Armorial général, registre de la reconnaissance générale des armoiries, faite en 1696 et années suivantes, au registre de la généralité de Toulouse, la mention suivante :

« Jean de Boyer, seigneur de Basiége, Odars, Belbéraut, » Saint-Martin, la Lande et le Pigol, sindic général de la » province de Languedoc, porte : « d'or à un taureau passant » de gueules à un chef d'azur chargé de trois molettes d'or. »

« Catherine de Fraust, son épouse, porte : d'azur à un lion » d'or rampant contre un arbre du même. »

Jean de Boyer, précité, est le même que Jean-Jacques, seigneur de Saint-Germier, syndic de la province de 1693 à 1702.

Note 10. Le père de Jacques Favier, appelé Jean-Louis Favier, fut aussi capitoul en 1695.

Note 11. Il était fils d'Antoine de la Fage, aussi trésorier de France en la généralité de Toulouse, et petit-fils de Ferréol de la Fage, capitoul ès années 1672 et 1682, dont il est très-honorablement parlé en l'*Histoire de la ville de Toulouse* par Raynal, 1 vol. in-4°, 1759.

Note 12. La famille Marcassus était originaire de la ville de Moissac, où il existe encore une fontaine publique qui porte le nom de Marcassus, d'un maire qui la fit construire à ses frais. Le père de M. de Puymaurin, syndic général, vint se fixer à Toulouse, et s'occupa avec ardeur des intérêts commerciaux de cette ville, ce qui lui valut deux récompenses : le roi Louis XV le créa baron, et la ville de Toulouse l'installa parmi ses capitouls en l'année 1721, ainsi qualifié : « Jean » Marcassus, seigneur de Puymaurin. »

Note 13. Pierre Le Blanc, conseiller au bailliage de Gévaudan, et Claire de Vaulx, sa femme, furent père et mère de Robert Le Blanc, chevalier, seigneur de la Rouvière et de Fourniguet, qui obtint, le 14 septembre 1559, des lettres patentes portant que, quoique pourvu de l'office de juge royal, il jouirait du titre de chevalier en considération de ses ser-

vices, et surtout au combat de Doize, où les Anglais furent
défaits, et après lequel le maréchal de Brissac l'aurait fait
chevalier. Ces patentes furent enregistrées à la cour des
aydes de Montpellier, le 20 janvier 1560. Il avait épousé Madeleine de Pavée, dont il eut entre autres enfants : Pierre le
Blanc, seigneur de la Rouvière, marié à Suzanne de Rozel,
fille de Pierre de Rozel, premier président à Montpellier, qui
fut père de Jean le Blanc de la Rouvière, reçu chevalier de
Malte en 1608, et d'autre Jean le Blanc de la Rouvière, sieur
de la Roquette, reçu en 1610 et mort commandeur de Jalès
avant 1668. (Voir les Arbres généalogiques de ces deux chevaliers aux registres de la langue de Provence, déposés à la
bibliothèque de l'Arsenal, à Paris.) Cette famille s'allia entre
autres avec les maisons de Boileau-Castelnau, de Ferrat, de
Masclary et de Rochemore. Cette dernière alliance produisit :
Jean-Louis-Annibal de Rochemore, appelé le marquis de
Rochemore, lieutenant au régiment du roi, qui épousa en
1723 Catherine-Pauline de Fayn, fille de Charles-François,
sieur de Rochepierre, et de Marie du Pont-de-Valon, nièce
de Joseph-Placide de Fayn, comte de Rochepierre, baron de
Saint-Remesy et des États de Languedoc.

Note 14. Il appartenait à une famille noble, originaire de
Viviers, qui porte pour armes : « de sinople au lévrier d'ar-
» gent, surmonté d'un croissant d'or, au chef cousu d'azur à
» trois étoiles d'or. »

Aimé de Chalendar, coseigneur de Vinassac, reçut avec
Guignes, son père, le 11 avril 1516, une donation de Pierre
de Chalendar, chanoine de Viviers, et une quittance le 24 décembre 1512. Il fit son testament le 30 avril 1545, par lequel
il chargea son fils (Guillaume, syndic du pays) de quitter le
nom de Chalendar et de porter seulement celui de la Motte
avec les armes.

En vertu de la procuration de M. le comte du Roure, du
1er avril 1783, le sieur de La Motte, seigneur de Saint-Laurent-des-Bains, petit-fils ou arrière-petit-fils des syndics généraux du pays de Languedoc, se présenta pour remplir dans

l'assemblée la place d'envoyé de la baronnie de Barjac, et il prit place aux États après lecture faite de sa procuration et l'exposé de ses titres de noblesse.

Note 15. De ces trois filles, l'une, Marguerite-Angélique, fut religieuse. Les cinq fils furent : André, syndic général; René-Gaspard, docteur de Sorbonne, chanoine et archidiacre de l'église cathédrale de Montpellier, vicaire général du diocèse; Simon-Philippe, seigneur de Montalègre, capitaine de dragons; Jean-Philippe, conseiller au présidial de Montpellier, et Pierre-Paul, capitaine de grenadiers d'un régiment de marine, lieutenant de vaisseau, qui fut tué sur son bord devant Barcelone, en 1697. La maison de Joubert est originaire de Champagne et vient des anciens vicomtes de la Ferté-sur-Aube, à la race desquels appartenait saint Bernard. Dans le quinzième siècle, un de ses membres acquit des fiefs en Vivarais, d'où une branche passa vers 1480 à Valence en Dauphiné. Jean de Joubert, troisième du nom, possédait dans cette ville un fief pour lequel il eut procès avec l'évêque selon des arrêts du parlement de Grenoble des 19 octobre et 10 novembre 1492; son fils aîné, Jean IV, chevalier du Saint-Sépulcre, rendit hommage au roi le 28 avril 1542 pour des rentes nobles qu'il possédait à Crest, près Valence. Laurent, un des fils de ce chevalier et qui fut l'un des plus savants hommes de son temps, s'établit à Montpellier, où il forma une branche distinguée par ses services dans l'administration du Languedoc. Elle exerça en effet de 1642 à 1780, c'est-à-dire pendant cent quarante ans environ, la charge de syndic général de cette province et se fit aussi remarquer dans les armes et la magistrature. Pierre de Joubert, seigneur de Montalègre, major du régiment de Vaillac, l'un des fils de Laurent, fut tué en 1627, au siége de la Rochelle. Pierre de Joubert, capitaine de grenadiers au régiment d'Arre, neveu du précédent, fut tué au secours de Perpignan, en 1642. Simon-Philippe de Joubert, sieur de Montalègre, neveu du précédent, était capitaine de dragons, et deux de ses frères furent tués, le premier au siége de Strasbourg, le second en

1697, sur son bord, devant Barcelone, étant lieutenant de vaisseau et capitaine de grenadiers d'un régiment de la marine. Laurent-Ignace de Joubert, neveu des précédents, fut président en la chambre des comptes, aydes et finances de Montpellier, et après lui : Philippe-Laurent de Joubert, son fils, seigneur du Boscq, baron de Sommières et de Montredon. Le petit-fils de celui-ci, M. Amédée Pierre-Laurent de Joubert, est aujourd'hui le seul représentant de cette famille, qui porte pour armes : « d'azur à trois chevrons d'or, deux et un, » au chef d'argent, chargé d'une croix potencée d'or, can-» tonnée de quatre croisettes de même, qui est la croix de » Jérusalem. » Ce chef est une concession faite à Jean IV de Joubert, pour lui et ses descendants, par le grand-maître de Rhodes, Villiers de l'Isle-Adam, à raison de grands services rendus pendant le siège de Rhodes en 1522. Jean de Joubert y était accouru, quoiqu'il ne fît pas partie de l'ordre. Pierre, son frère, en fut chevalier et commandeur de Champublic.

Note 16. L'abbé de Beaupré, prêtre du diocèse de Montpellier, baptisa l'auteur de cet ouvrage, qui était né en cette ville en 1788.

Note 17. Le catalogue de ces ouvrages, avec l'indication des années où ils parurent, se trouve à la suite d'un volume in-12 intitulé : *Les Psaumes des Vêpres du dimanche*, imprimé en 1786, c'est-à-dire vingt-trois ans après la mort de l'auteur. On peut voir, pour plus de détails sur l'abbé de Joubert et quelques autres personnes de cette famille, les biographies faites par l'auteur de cet ouvrage, insérées dans le Dictionnaire de M. Michaud, article *Joubert*.

Note 18. 1° N* de Joubert, née en 1744, mariée à M. d'Olmières, seigneur de Lastouseilles, de Toulouse; 2° Lucrèce-Pauline, née en 1746, mariée à Jean-Georges, marquis de Souillac, d'une des anciennes maisons du Périgord, morte à Toulouse le 16 juin 1825. De ce mariage vinrent quatre filles : Madame la comtesse de Montferrand; madame la comtesse de Roquette-Buisson; madame du Pavillon; madame la marquise de Foucauld-Lardimalie, qui ont laissé chacune postérité.

Note 19. Il termina ce procès par une transaction qui le qualifie : « Maistre Jehan Chasotes, licencié, syndic du pays » de Languedoc. » L'acte de cette transaction est inséré, par copie, au procès-verbal des États ouverts à Béziers, le 13 novembre 1553.

Note 20. La maison de Saint-Jehan était divisée en plusieurs branches : Saint-Jean d'Aunous, Saint-Jean de la Courtette, Saint-Jean de Caudebronde, Saint-Jean de la Bastide, et Saint-Jean de Moussoulens; toutes branches qui furent maintenues dans leur noblesse par jugement de M. de Bezons, intendant de Languedoc. Guillaume de Saint-Jehan, dont il est question dans cet article, ne fut pas le seul premier consul de Carcassonne qui porte son nom. On trouve dans l'histoire de cette ville par le père Bouges, 1 vol. in-4°, 1741, aux listes des premiers consuls :

1547. Jean de Saint-Jean, licencié.

1571. Guillaume de Saint-Jean, docteur.

1643. Raymond de Saint-Jean, docteur.

Cette famille porte pour armes : « d'azur à la cloche d'ar- » gent soutenue par deux lions d'or. »

Note 21. Pierre de la Motte avait été reçu syndic en survivance de son père, le 6 janvier 1775, c'est-à-dire un peu plus de onze mois avant la seconde installation de Dufaur. Il est à remarquer que celui-ci ne se prévalait pas de sa première installation, qui, remontant au 20 décembre 1572, lui eût donné le droit de précéder Pierre de la Motte.

Note 22. Pierre de Bardichon avait été honoré de la charge de premier consul de Carcassonne ès années 1548, 1565, 1574 et 1580. Ce fut l'année suivante qu'il entra aux États de la province en qualité de syndic général de la sénéchaussée de Carcassonne.

Note 23. Jean de Bardichon avait épousé demoiselle Fran-
con de Plantavit, fille de feu noble François de Plantavit de
la Pause, seigneur de Margon, de Villenouvette, de la
Requi, etc., et de feu dame Baptistine de Rolland, de la ville
d'Avignon.

Note 24. Pierre de Roux, qui fait les frais de cet article,
fut maintenu dans sa noblesse par un arrêt du 20 septembre
1668 conjointement avec ses frères, François de Roux, seigneur et marquis de Sainte-Colombe, de Puyvert, de Rivel,
de Montbel, et autres places dans le diocèse de Mirepoix, président et juge-mage en la sénéchaussée de Carcassonne;
François-Marie de Roux, chevalier de Saint-Jean de Jérusalem, seigneur de Sainte-Colombe, gouverneur pour le roi en
la ville et château de Carcassonne, lieutenant des gardes de
monseigneur le duc de Verneuil; Pierre de Roux, seigneur
de Poumagnie; Vitalis de Roux, capitaine dans le régiment
de Castellan, frères, et Dominique de Roux, seigneur et baron
d'Alzonne, cousin germain, diocèse de Carcassonne, et dame
Catherine-Françoise de Frézals, veuve de noble Christophe de
Roux. C'est de François de Roux, juge-mage de Carcassonne,
que descend M. le marquis de Puyvert, gouverneur de Vin-
cennes, maréchal de camp sous Louis XVIII et pair de France
sous Charles X.

Note 25. François-Anne de Roux-Potier avait une sœur,
Marthe de Roux de Montbel, qui épousa, le 24 février 1691,
Joseph d'Hautpoul-Félines, chevalier, créé marquis d'Haut-
poul par lettres patentes du mois de mai 1734.

Note 26. M. de Montferrier et M. Rome, secrétaire des
États, furent les seuls officiers de la province qui furent in-
téressés dans cette circonstance; le premier demanda l'érec-
tion de ses terres en marquisat, et le second des lettres de
noblesse. On sait que le clergé et la noblesse du Languedoc
firent seuls les frais du vaisseau le Languedoc, et que les
officiers de la province offrirent à cette occasion la rétribution
qu'ils tiraient des États sous le titre de Montres.

Note 27. Ils ne commencent, à proprement parler, qu'à Arnaud de Fieubet, soit parce que le secrétaire était dans le principe unique et le seul agent de la province, soit à cause des divisions que la Ligue amena dans le sein des États et qui occasionnèrent la nomination de deux secrétaires, l'un en la généralité de Toulouse, l'autre en celle de Montpellier.

Note 28. On voit dans les preuves, à Malte, d'Anne de Fieubet de Castanet, petit-fils d'Arnaud, premier secrétaire des États à Toulouse (qui se trouvent à la bibliothèque de l'Arsenal, à Paris, aux pages 7 et 8 du tome III du *Grand Prieuré de France*), qu'Arnaud de Fieubet, seigneur de Castanet, Caumont, Godetz et Montesquieu, étaient fils d'Étienne de Fieubet, seigneur de Castanet et de Gérarde de Godetz, lequel Étienne était fils d'autre Étienne de Fieubet, seigneur de Castanet, et de Caumont et de Marie de Roquette, fille de Jacques de Roquette, écuyer.

Bernard de Fieubet, l'aîné des enfants d'Arnaud, n'avait eu qu'une fille, qui épousa M. de Roguier, qui lui succéda dans son office de secrétaire des États; son frère Gaspard, qui, dès 1604, était agent des affaires de la province, à Paris, conservait encore ces fonctions en 1626, quoique alors maître à la chambre des comptes; il est la souche d'une branche qui s'établit à Paris, par son mariage avec Claude Ardier, fille de Paul, seigneur de Beauregard, trésorier de l'épargne, et de Suzanne Phelypeaux. Le 6 juin 1654, dans le contrat de mariage d'Élizabeth de Fieubet, sa fille, avec Nicolas Nicolaï, marquis de Goussainville, premier président de la chambre des comptes, il se qualifia : chevalier, seigneur de Saillac, baron de Launac, vicomte de Monteil et autres lieux, conseiller du roi en ses conseils d'État privé et ordinaire, en la direction des finances Le petit-fils du président de Nicolaï et de mademoiselle de Fieubet, Nicolas Nicolaï, seigneur d'Ivor et de Presles, colonel du régiment d'Auvergne, brigadier des armées du roi, fut père de la duchesse de Mortemart et grand-père de la duchesse de Rochechouart. Gaspard de Fieubet eut encore deux fils : 1° autre Gaspard, seigneur de Coudray et de Ligny, né à Toulouse en 1626, et qui fut successivement conseiller au parlement de Paris, chancelier de la reine, femme de Louis XIV, et conseiller d'État ordinaire. « C'était, a dit Voltaire après avoir cité quelques-uns de ses vers, un des esprits les plus polis de son siècle. » Madame de Sévigné en parle souvent dans ses lettres. Ayant perdu sa femme en 1686 (Marie Ardier, sa cousine germaine), il se retira chez les Camaldules de Grosbois, près Paris, et y mourut le 10 septembre 1694, à l'âge de soixante-sept ans ; 2° Guillaume, que la Biographie toulousaine fait naître en 1585, était, comme on voit, en 1626, avocat du roi ou, pour mieux dire, avocat général au parlement de Toulouse. Il devint peu après (décembre 1631) président à mortier, et son mérite peu commun le fit nommer, par Louis XIII, premier président du parlement de Provence. Admis à prêter serment entre les mains du roi, la mort le surprit avant qu'il eût pu prendre charge ; il était âgé de quarante-quatre ans. De son mariage avec Marguerite de Saint-Pol, était né Gaspard de Fieubet qui, dès dix-huit ans, eut la charge de président aux requêtes dans le parlement de Toulouse, y fut procureur général le 26 avril 1645, et n'avait pas encore trente et un ans révolus quand il reçut la nouvelle de sa nomination à la première présidence de la même cour. Installé au mois de juin 1653, il fut pendant trente-trois ans le chef, l'oracle et le modèle de sa compagnie. A sa mort, survenue en 1696, Louis XIV l'honora par des regrets publiquement manifestés. Il avait une sœur, Marguerite, alliée à Jean de Tourreil, procureur général du parlement de Toulouse, qui fut mère de Jacques de Tourreil, de l'académie française, en 1692, traducteur de Démosthène. Gaspard de Fieubet avait épousé : 1° Marguerite de Gameville ; 2° Gabrielle-Éléonore de Nogaret de la Valette, fille de Jean-Louis de la Valette, lieutenant-général des armées du roi, tué en défendant l'île de Saint-Georges, et de Gabrielle Aymar de Montsalier. Jean-Louis de la Valette était fils naturel du fameux duc d'Épernon. Gaspard de Fieubet eut du premier lit six filles et quatre garçons. Gaspard est le seul qui paraisse avoir survécu ; il était conseiller au parlement de Toulouse et mourut en 1711 sans postérité.

Note 29. Il appartenait à une ancienne famille de Toulouse qui a donné des capitouls et des conseillers au parlement de cette ville. Noble Jean de Roguier, capitoul de Toulouse ès années 1546, 1563, 1570 et 1577, épousa Claire de Carrière, fille de Jean de Carrière, capitaine de la légion du Languedoc, capitoul de Toulouse en 1502 et 1517, et de Jeanne de Restes; il en eut quatre filles, remarquables par leur piété, dont le Père Percin, de l'ordre des Frères Prêcheurs, parle avec éloge dans son ouvrage intitulé : *Des Monuments du couvent de cet ordre*. Une de ces filles, madame de Costa, femme d'un conseiller au parlement de Toulouse, quitta le siècle pour entrer en religion dans le couvent de Sainte-Catherine de Sienne, que fonda sa fille aînée, et ses trois autres filles y firent également leurs vœux. On peut, outre le Père Percin, consulter *les Vies dominicaines* du Père de Sainte-Marie, Paris, 1635.

Note 30. Cette omission devint la suite naturelle du *tour régulier* qui s'établit, vers 1650, entre les syndics généraux, et d'après lequel chacun de ces trois officiers se trouvait, tous les trois ans, compris dans la députation. D'abord, cet ordre ne mit point obstacle à ce que les secrétaires des États et même le trésorier de la bourse fussent encore députés; mais bientôt l'inutilité s'en fit sentir, et le 26 mars 1654, en procédant à la nomination des députés, l'assemblée, qui se tenait alors à Montpellier, arrêta que « dans les députations qui » se feront en cour, pendant trois ans il n'y aura qu'un seul » officier. » Cette disposition n'eut dans le moment aucun effet, ainsi que le prouve la composition des députations qui suivirent, mais elle suffit pour indiquer l'opinion de l'assemblée, et cette opinion devait à la fin prévaloir.

Note 31. N'ayant pu consulter les procès-verbaux des années 1686 et suivantes, je ne saurais indiquer ce qui résulta de cette délibération, mais s'il y eut examen, il dut être favorable, puisqu'en 1690 M. de Guilleminet fut compris dans la députation, et qu'en 1698 le choix de l'assemblée porta sur M. de Mariotte fils et successeur de Christophe. Néanmoins, l'usage s'établit de n'accorder la députation aux secrétaires des États que lorsque le président de l'assemblée était lui-même député, ce qui n'avait lieu que rarement et pour des circonstances extraordinaires. Aussi cette députation du président ne résultait pas d'un vote, mais d'un mouvement général de l'assemblée, et on l'appelait la députation par *acclamation*. J'en trouve des exemples en 1704, 1739, 1752, etc., et chacune de ces années un secrétaire des États fit partie de la députation. Tels furent le droit et les occasions réservées à ces officiers, et ce qui se passa en 1764 prouve tout le soin que l'assemblée porta à les leur maintenir. Cette année, la députation par *acclamation* ayant été déférée au président (l'archevêque de Narbonne), il s'excusa et obtint d'en être dispensé; mais, comme cette dispense mettait obstacle à ce qu'on députât M. de Carrière, secrétaire des États, qui eût été de tour, une somme de quatre mille livres fut proposée et votée à titre de dédommagement pour cet officier. C'était l'équivalent de l'allocation d'usage. Quant aux trésoriers de la bourse, ils ne furent plus en aucune circonstance appelés à la députation, je n'en trouve du moins aucun exemple depuis 1671.

Note 32. M. de Saint-Laurent avait été reçu conseiller en la cour des comptes de Montpellier, et était auditeur en la même cour depuis 1691.

Note 33. Claude de Carrière naquit à Masmolêne, le 7 juillet 1715. Son père, considérant en lui le chef de sa famille, l'éleva pour la vie politique. Il se trouvait à Toulouse, en 1741, lorsque M. le chancelier d'Aguesseau lui écrivit une lettre originale par laquelle il lui faisait savoir que le roi l'avait nommé à la charge de son premier avocat au présidial de Nismes. Il n'en eut les provisions que l'année suivante, et attendit encore une année avant d'exercer, à cause des irrésolutions de son prédécesseur. Il ne resta que dix années au présidial de Nismes, et, avant de quitter le siége de ses fonctions, l'académie royale de Nismes, voulant lui donner le fauteuil de la présidence, le nomma membre associé, et les magistrats du présidial écrivirent en corps au chancelier de Lamoignon pour demander pour lui des lettres de vétérance ou un brevet de conseiller d'honneur, disant : « Qu'ils ne » pouvoient donner à leur confrère des preuves plus hono- » rables du regret qu'ils avoient de le perdre ; que cette » grâce, que ses services lui ont méritée, ne pouvoit tirer à » conséquence puisqu'elle ne portoit préjudice à personne, » et qu'en la leur accordant il leur conserveroit un confrère » digne de toute leur estime et de tout leur attachement. » La même considération suivit Claude de Carrière aux États du Languedoc ; il avait obtenu des archevêques de Narbonne et de Toulouse (vu certaines considérations) de ne pas résider à Toulouse comme il y était tenu par sa charge. Il resta dans ses terres, ayant un commis et des bureaux à Toulouse, et il ne se rendait dans cette ville que lorsque l'archevêque y venait lui-même, afin de lui faire sa cour. Claude de Carrière devait sa charge à la bienveillance de M. le Dauphin, père de Louis XVI, qui avait donné ordre à M. de la Roche-Aymon, archevêque de Narbonne, de le nommer ; mais il attendit la commodité de la personne qu'il devait remplacer, et fut même obligé de l'intéresser par un pot de vin de dix mille livres, qui fut remis entre les mains de M. Duché, procureur général en la cour des comptes, aydes et finances de Montpellier. Claude de Carrière remplit sa charge pendant vingt et un ans avec zèle et dévouement et y recueillit l'estime générale. Lorsqu'il se retira, les États, pour récompenser ses services, lui accordè-rent une pension de deux mille livres. Il ne voulut jamais la toucher, même pendant la Révolution, et la province de Languedoc comme l'État en jouirent jusqu'à sa mort, arrivée en 1793.

Note 34. Il naquit à Saint-Quintin, près Uzès, et fut, à pro-prement parler, l'enfant de la province de Languedoc ; car il

lui servit de gage pour l'alliance politique que son père avait
contractée avec elle. En l'année 1764, les États tinrent à en
donner un témoignage, qui devint public lorsque Pierre-
Louis de Carrière vint prendre dans l'assemblée la place de
son père et qu'il fit allusion à la grâce distinguée que les
États lui avaient faite en ladite année. M. Dillon, archevêque
de Narbonne et président-né des États, avait été député par
acclamation à la cour; il récusa cet honneur, afin de faire
donner à Claude de Carrière, qui l'eût accompagné dans cette
circonstance, une gratification, et, malgré son refus, se rendit
à Paris pour les affaires de la province, ainsi que Claude de
Carrière, qui mit son fils au collége d'Harcourt. Pierre-Louis
de Carrière se fit recevoir avocat au parlement de Paris, en
1769, et, résidant en cette ville, fit partie de la députation
des États à la cour en la même année; il ne revint en Languedoc qu'en 1771, pour prendre la survivance de la charge
de son père, qui donna sa démission en 1776. Son discours
de réception se termina ainsi : « Daignez vous rappeler, mes-
» sieurs, ce jour heureux où vous désignâtes, pour ainsi dire,
» la place que vous m'accordez aujourd'hui en me fournissant
» les moyens de la mériter par une éducation qui pût m'en
» rendre digne, et dont je ferai toujours hommage à vos
» bontés. » On ne pouvait remercier plus gracieusement la
province de Languedoc. Pierre-Louis de Carrière ne résida
pas plus que son père à Toulouse, et expédiait les affaires de
la province de Saint-Quintin à l'aide de courriers qu'il avait
établis à ses frais. Il n'eut qu'une ambition, ce fut de réunir
en une seule les deux charges de secrétaire des États, et de
devenir ainsi le principal agent de la province, comme l'était
primitivement le secrétaire; par ce moyen, il gagnait du
temps eu égard aux réclamations qu'on faisait sur sa résidence, et se maintenait dans l'indépendance politique de sa
famille, jadis souveraine, reconnue telle en France, à titre
d'honneur, en 1366, par le roi Charles V, et que la province
était disposée à reconnaître à son tour. Ce fut en 1781 que
les États accédèrent à ce désir en ratifiant les arrangements
qu'il avait conclus avec M. de Bésaucèle, et qui eurent pour

résultat de placer ce dernier à Toulouse et Pierre-Louis de Carrière à Montpellier. De cette manière, Pierre-Louis de Carrière était appelé à réunir, du consentement général, les deux charges de secrétaire en une seule à la mort de M. de Bésaucèle, qui, étant déjà vieux, devait, suivant les probabilités, mourir avant lui. Pierre-Louis de Carrière avait promis à M. de Joubert, trésorier des États, de résider lorsqu'il se marierait ; il tint parole, et épousa en 1784, à Montpellier, siége de ses fonctions et de l'assemblée des États, la propre nièce de M. de Joubert, Marie-Marthe-Marguerite de Benezet, fille de Jean de Benezet, trésorier de France au bureau des finances de Montpellier, commissaire du roi aux États, à la commission établie par lettres patentes du 30 janvier 1734 pour les affaires des villes et communautés de la province, et de Louise de Joubert. Les événements de 1789, en anéantissant l'ancienne province de Languedoc, ne diminuèrent pas son courageux dévouement, et on a pu voir la manière dont il défendit jusqu'à la fin la constitution du Languedoc. De plusieurs enfants qu'il eut de mademoiselle de Benezet, deux seuls ont survécu : le premier habite Saint-Quintin et est sans alliance, le second est l'auteur du présent ouvrage et est mort à Paris, le 13 mars 1849.

Note 35. On lit au procès-verbal du surlendemain, 6 décembre 1596 : « Les États ont donné charge à M. le syndic de » la Motte pour aller au Puy recouvrer de M. le juge-mage de » ladite ville les papiers qu'il a du pays, et, en cas qu'il y fît » difficulté, le prier de les apporter ou mander aux pro- » chains États et l'assurer que le pays n'en demeurera pas » ingrat envers luy. » Effectivement, une délibération de l'année 1599 gratifia Jean Bertrand d'une somme de 2,000 écus.

Note 36. Sa famille porte pour armes : « d'azur au chevron » d'or accompagné en chef de deux maillets d'or, et en » pointe d'une rencontre de taureau du même. » On voit, par les différents articles qui concernent les personnes de cette

famille, les nombreux et anciens services qu'elle a rendus à
la province comme secrétaires pour le roi aux États, et comme
officiers de ces mêmes États. Pierre de Guilleminet, greffier
des États, fut, en 1639, premier consul de Montpellier ; Pierre
de Guilleminet, son fils, était conseiller au présidial de Montpellier, et puis ensuite fut appelé à remplir la charge de secrétaire des États. Étienne de Guilleminet fut conseiller en la
cour des comptes, aydes et finances de Montpellier, en 1646.
En 1676, Pierre de Guilleminet, fils du précédent ; en 1700,
Étienne de Guilleminet, fils du précédent, et en 1731, Pierre
de Guilleminet, fils du précédent, furent également conseillers en ladite cour.

Note 37. Il eut deux frères : Pierre-Antoine, abbé commen-
dataire d'Autry, et N*, maréchal des camps et armées du roi,
mort à Avignon en 1780.

Note 38. Il s'appelait Saint-Quintin, à peu de distance
d'Uzès, gros bourg dont M. de Carrière, son père, avait une
portion de la seigneurie. Pierre-Louis de Carrière, que les
habitants du lieu, protestants comme catholiques, se plurent
à cacher pendant la terreur, prit en reconnaissance la mairie
de cette commune que son fils aîné, qui y réside encore, gère
continuellement.

Note 39. Elles mentionnent encore : Hector Potier de la
Terrasse, seigneur de Castelnouvel, capitoul ès années 1600,
1613, 1630, et Jean de Potier, seigneur de Castelnouvel,
avocat en la cour, capitoul ès années 1640 et 1647, qualifié en
cette dernière année chef de consistoire. La famille Potier,
qui porte pour arm « d'azur au chevron d'or accompagné
» de trois tours d'argent maçonnées de sable, » a fourni, de
père en fils, trois présidents à mortier au parlement de Toulouse et s'est fondue dans la maison de Roux. Une des sœurs
de M. de Roux-Potier, seigneur de la Terrasse, syndic général
de la sénéchaussée de Carcassonne, épousa, comme nous
l'avons vu plus haut, le marquis d'Hautpoul ; le château de la

Terrasse est encore aujourd'hui la propriété de cette famille.

Note 40. L'*Histoire de Montpellier*, par d'Aigrefeuille, mentionne parmi les conseillers au présidial, en 1599, Étienne du Mois, conseiller. On trouve aussi, à la page 644 du premier volume de la même histoire, une liste des rois-capitaines du noble Jeu-de-l'Arc, à Montpellier. De ce nombre est : Raulin du Mois, écuyer, seigneur de Ferrières, élu en 1566. C'est le même qui fut nommé premier consul de Montpellier ès années 1577 et 1582. Cette dernière année, Raulin du Mois, député aux États, eut un différend avec Pierre de Carrière au sujet de la préséance aux États ; ce dernier soutenait les droits du capitoulat dont il était revêtu. (Voir la délibération du mois d'octobre 1582, qui décida en faveur de Pierre de Carrière.)

Note 41. On trouve au nombre des capitouls de l'année 1636 Bernard de Reich, seigneur de Canecaude, contrôleur des finances. Jeanne de Rabaudy, sa veuve, vendit et délaissa l'office de contrôleur général des finances en la généralité de Toulouse, qui avait appartenu à son mari, à noble Jean de Carrière, habitant de Toulouse.

Le Recueil des blasons, titres, etc., des États de Languedoc, par Béjard, année 1655, dit ce qui suit de la famille de Reich : « La maison de Penautier est bienfaitrice des Jacobins de la » ville de Carcassonne. Le marbre, la menuiserie et le vi- » trage de ce couvent feront voir par plusieurs siècles la piété » de ses aïeux envers l'Église, et le château de Penautier » n'est qu'à un quart de lieue de la ville. La famille de Reich » est aussi ancienne qu'aucune qui soit dans Toulouse, le » nom de laquelle est vénérable à cette ville autant qu'à son » parlement, les places duquel ont été remplies de plusieurs » personnes de cette race. »

Le Père Percin, religieux dominicain, dans son ouvrage intitulé *Monumenta Conventus Tolosani ordinis fratrum prædicatorum*, 1693, vol. in-fol., *pars tertia, Tumuli in ecclesia caput primum, n° 2*, mentionne la famille de Reich comme ayant son tombeau dans ce couvent; il parle de plusieurs membres de cette famille, qui sont les mêmes que ceux ci-mentionnés, à commencer par Pierre de Reich, premier trésorier des États de cette maison, et il donne pour femme à Bertrand, son fils, Marguerite de Caulet, fille de Hugues de Caulet, seigneur de Cadars et de Combrie, et de Françoise Doulhon; duquel Hugues de Caulet provint Jean de Caulet-Graniague, reçu chevalier de Malte, en 1657, et qui fut son arrière-petit-fils.

Note 42. Le Secq a pour armes : « d'or au chevron de » gueules, accompagné en chef de deux trèfles de sinople et » en pointe d'une hure de sanglier de sable, allumée et dé- » fendue d'argent. » On trouve au procès-verbal des États de 1707 la nomination d'une commission pour l'apurement des comptes du sieur le Secq.

Note 43. Ce fut lui qui fonda, en 1696, la manufacture de draps de Penautier, qui, en 1727, eut le titre de manufacture royale, et s'est soutenue jusqu'en 1779.

Note 44. Les provisions du sieur de Sevin-Mansencal sont du 30 décembre 1694.

Note 45. Penautier mourut fort vieux en Languedoc. « C'était, dit Saint-Simon, un grand homme, très-bien fait, » fort galant et fort magnifique, respectueux et très-obligeant. » Il avait beaucoup d'esprit et était fort mêlé dans le monde, » et le fut aussi dans l'affaire de la Brinvilliers..... Il conserva » longtemps depuis ses emplois et ses amis, et quoique sa » réputation eût fort souffert de son affaire, il demeura dans » le monde comme s'il n'en avait jamais eu. Il est sorti de » ses bureaux force financiers, qui ont fait grande fortune. » Celle de Crozat, son caissier, est connue de tout le » monde. »

Antoine Crozat fut trésorier des États de Languedoc, mais

trop peu de temps pour mériter un article. J'extrais les quelques lignes suivantes, tirées de sa biographie, dans l'ouvrage de Michaud : Crozat (Antoine), marquis du Châtel, né à Toulouse, en 1655, fut un des plus célèbres financiers de la fin du règne de Louis XIV. Après avoir été successivement receveur général du clergé et trésorier des États du Languedoc, il fut fait grand trésorier de l'ordre du Saint-Esprit après la mort de l'avocat général Chauvelin. Il avait obtenu, en septembre 1712, le privilége du commerce exclusif de la Louisiane, et peut être considéré comme le fondateur de cette colonie..... Il mourut à Paris, le 7 janvier 1738, âgé de quatre-vingt-trois ans. Ses enfants furent : Marie-Anne, mariée en 1717 au comte d'Évreux, colonel-général de la cavalerie légère, morte sans enfants en 1719. Joseph-Antoine, né à Toulouse, en 1696, fut conseiller au parlement de cette ville, puis maître des requêtes, lecteur du cabinet du roi en 1719, et mourut en 1740. Il est connu par le fameux recueil : *Cabinet de Crozat*. Ce Cabinet il l'avait légué à son frère, lieutenant-général des armées du roi, qui le recueillit après sa mort. Il eut encore un autre frère, Antoine-Louis, baron de Thiers, comte de Beaumanoir, brigadier des armées du roi et maréchal général des logis des camps et armées de Sa Majesté.

Note 46. On lit dans le *Journal historique et anecdotique du Règne de Louis XV*, par l'avocat Barbier : « M. Bonnier,
» trésorier des États de Languedoc, riche de dix à douze
» millions et âgé de cinquante ans, est mort à Montpellier
» pour avoir voulu tenir table ouverte au régiment de son
» fils et en faire les honneurs. Ce fils (Joseph II) a été fort
» embarrassé pour savoir s'il prendroit la charge de son père
» ou s'il garderoit son régiment des dragons-dauphin, un des
» plus beaux de France. On avoit prétendu d'abord qu'il
» préféroit le titre de colonel, et donnoit la charge à son
» cousin; mais il a quitté son régiment (il fut cédé au marquis de Vassé) et donné sa démission de maréchal-des-
» logis de la maison du roi. Il a eu en échange la charge de

» trésorier des États, et l'on compte qu'il gagne à cela
» 100,000 écus de revenu. »

Note 47. Antoine-Samuel Bonnier d'Alco était fils d'Antoine, président en la cour des Comptes de Montpellier, et de
Françoise de Toulouse, et frère de Joseph, premier trésorier
des États de son nom. Il eut une sœur, Marie Bonnier de
la Mosson, qui épousa, par contrat du 22 juillet 1718,
Joseph de Gévaudan, seigneur de Marguerittes, baron de
Boisseron. Bonnier d'Alco avait épousé Élisabeth Plantier, et
de ce mariage provinrent : Antoinette-Marie-Élisabeth-Ga-
brielle, religieuse, qui vivait à Montpellier, en 1811, et
Ange-Élisabeth-Louis-Antoine, président en la cour des
aydes de Montpellier, président du directoire du district de
Montpellier en 1791, député de l'Hérault à l'Assemblée lé-
gislative et à la Convention, membre du Conseil des Anciens,
chef de l'ambassade française au congrès de Rastadt, et assas-
siné à son retour en France, le 28 avril 1799, avec son
collègue Roberjot. Il avait publié, outre un grand nombre
d'écrits peu importants sur la Révolution : *Recherches histo-
riques et politiques sur Malte*, 1798, in-8°. Son père avait
publié un discours sur la manière de lever les tailles en Languedoc, 1746, in-8°. Ange Bonnier d'Alco ne laissa que deux
filles, Eulalie et Marie-Antoinette-Joséphine-Raimonde. Ces
deux sœurs, qui jouèrent un certain rôle dans la révolution,
furent mariées à deux négociants de Paris, associés, savoir :
Eulalie à Louis Minguet, et sa sœur à Pierre-Firmin-Jean-
Baptiste Carette.

Renée Bonnier, fille d'Antoine, premier du nom, président
en la chambre des comptes de Montpellier, était sœur de
Marie, mariée à M. de Gévaudan, et de Samuel Bonnier
d'Alco, également président en ladite chambre; elle épousa
Paul Abdias d'Arnaud, baron de la Cassaigne, dont elle eut
deux filles : Anne-Renée, mariée à François de Pierre-des-
Ports, seigneur de Loubatière, capitaine au régiment de
Médoc; et Renée, mariée le 1er juin 1746 à Philippe-Charles-

François de Pierre-Bernis, cousin du précédent, marquis de Bernis, et frère du cardinal de ce nom.

Note 48. Sa famille, aujourd'hui éteinte, et qui portait pour armes : « d'azur au chevron, accompagné en pointe d'un lion- » ceau, le tout d'or, au chef cousu de gueules chargé d'un » croissant d'argent accosté de deux étoiles du second émail,» a formé deux branches, la première, à Paris, dans la personne d'un de ses frères, Laurent Mazade, fermier général, et la se- conde, à Montpellier, en la personne d'un autre frère, Étienne-Laurent Mazade, seigneur du marquisat d'Avèze, avocat général en la cour des aydes de Montpellier.

Note 49. Elle est morte, le 28 novembre 1861, sur la pa- roisse de la Madeleine, à Paris.

FIN.

Paris. — Typ. Morris et Comp., rue Amelot, 64.

www.ingramcontent.com/pod-product-compliance
Lightning Source LLC
Chambersburg PA
CBHW050011100426
42739CB00011B/2600